AF531840

JÜDISCHES MERKBUCH 1

שמע תפילתנו

**GEBETE FÜR
DEN JÜDISCHEN FEST- UND
LEBENSZYKLUS
FÜR DEN GEBRAUCH IN SYNAGOGE,
SCHULE UND HAUS**

AUS DER SAMMLUNG
VON OBERKANTOR ESTRONGO NACHAMA

HERAUSGEGEBEN UND MIT EINER EINLEITUNG
VON RABBINER PROF. DR. ANDREAS NACHAMA

MIT EINEM GELEITWORT
VON RABBINER PROF. DR. WALTER HOMOLKA

Jüdische Merkbücher
Kleine Fragen mit großer Bedeutung beantwortet Rabbiner Andreas Nachama in der von ihm herausgegebenen Reihe kurz kommentierter und ergänzter Reprints vergriffener Publikationen oder Neueditonen zu jüdischen Gebräuchen, Gebeten oder Texten.

Die Deutsche Nationalbibliothek verzeichnet diese Publikation in der Deutschen Nationalbibliografie; detaillierte Daten sind im Internet über portal.dnb.de abrufbar.

Inh. Dr. Nora Pester
Wilhelmstraße 118 | 10963 Berlin
info@hentrichhentrich.de
www.hentrichhentrich.de

Gestaltung: Kurt Blank-Markard

1. Auflage 2014

Printed in the E.U.
ISBN 978-3-95565-058-2

נתרם לאוצר הספרים של בית הכנסת
סכת שלום
על ידי איתי בואינג
לזכר הילדה
מאריון זאמואל
י"ג אב תרצ"א – כ"ז אדר א' תש"ג
שנרצחה במחנה ההשמדה אושויץ
בשל יהדותה

Der Synagoge Sukkat Schalom gespendet
von Itai Böing
zum Gedenken an das Mädchen
MARION SAMUEL
(27. Juli 1931 – 4. März 1943)
Ermordet im Vernichtungslager Auschwitz,
weil sie Jüdin war.[1]

---

1 Götz Aly würdigt das kurze Leben von Marion Samuel in dem Buch »Im Tunnel« (Frankfurt/M. 2004).

»Es geziehmt sich, zum Schöpfer zu beten und zu keinem anderen Wesen sonst«, heißt es in den Glaubensartikeln des mittelalterlichen jüdischen Religionsphilosophen Maimonides (1135–1204). Gebete entsprechen unserem menschlichen Bedürfnis nach Beistand und Trost in Krisenzeiten und nach einem Adressaten, wenn uns »das Herz übergeht«.

Wir kennen Bittgebete für uns selbst und für andere, Gebete zum Dank und zum Lob, Sündenbekenntnisse und die Bitte um Vergebung. In der hebräischen Bibel finden sich zahlreiche Beispiele leidenschaftlichen Gebets, so etwa bei Jona, Hiob, Jeremia und Habakuk, bei den Psalmisten und bei vielen anderen Propheten. Im Tanach gibt es dabei aber kein ausdrückliches Gebot zum Gebet. Seit der Zeit des Zweiten Tempels haben sich jedoch feste Gebetszeiten und Gebetsformeln ausgeprägt, die für Juden und Jüdinnen weltweit verbindlich sind, unabhängig von ihrer religiösen Ausrichtung. Viele dieser Pflichtgebete finden sich bereits in der Mischna und im Talmud. Gebetet wird dreimal täglich: Am Morgen das Schacharit, am Nachmittag das Mincha und am Abend das Ma'ariv; dazu kommt noch das Nachtgebet vor dem Schlafengehen.

Vom jüdischen Weisen Schimon dem Gerechten, einem Hohepriester zur Zeit des Zweiten Tempels, sind in den Sprüchen der Väter die Prioritäten für das Alltagsleben überliefert: »Drei Dinge sind die Grundlagen der menschlichen Gesellschaft: Das Lernen, das Gebet und gute Werke« (Pirke Awot 1,2). Der hebräische Begriff für Gebet lautet »tefilla« und ist von dem Wort für »urteilen« abgeleitet. Wer betet, geht also mit sich selbst ins Gericht und bittet Gott als Richter für sich selbst um Recht. Im Gebet findet man zu einem besseren Verständnis seiner selbst, und man kann sich darin spirituell weiterentwickeln. Das Besondere dabei ist, dass die menschlichen Bittgebete zum Lob Gottes werden. So erklärt sich auch ein Satz aus dem Talmud: »Der Heilige, gelobt sei Er, sehnt sich nach den Bittgebeten der Gerechten« (Babylonischer Talmud, Jewamoth 64a).

1 Vom Opferdienst zur Gebetsordnung

Der hebräische Begriff »avoda« (Dienst) bezeichnet ebenso wie »tefilla« den Gottesdienst, weist aber auch auf den Tempeldienst hin, also auf die regelmäßigen Tieropfer im Tempel von Jerusalem, wie sie seinerzeit bei allen Völkern der Region üblich waren. Die Ursprünge des jüdischen Gottesdienstes liegen somit in vorisraelitischer Zeit. Der Tempelkult wurde wahrscheinlich schon während der Zeit des Zweiten Tempels um Gebete erweitert und dann mit der Zerstörung des Tempels durch die Römer im Jahre 70 abrupt beendet.

Anstelle der Opfer traten die festen Gebetszeiten: die Bezeichnung für das Morgenopfer, Schacharit, wurde auf das Morgengebet übertragen, während das nachmittägliche Mincha-Gebet dem Nachmittagsopfer entspricht. Das dritte tägliche Gebet, das Abendgebet Ma'ariv, hat kein Pendant im Opferdienst und ist eine Erweiterung der Tradition. Das Zusatzopfer am Schabbat und Festtagen, Mussaf, hat sich wiederum im Namen des Zusatzgebets für eben diese Tage erhalten. Das Gebet, das an Stelle des Opfers getreten ist, wird »Gottesdienst des Herzens« genannt, auf Hebräisch »avoda schel lev«.

Der Opferdienst wurde, genau genommen, nicht abgeschafft, sondern von den Rabbinen lediglich ausgesetzt. Gemäß der Tora dürfen Opfergottesdienste nur auf dem Tempelberg in Jerusalem stattfinden. Die Rabbinen entschieden, dass erst der Messias in messianischer Zeit den Dritten Tempel in Jerusalem errichten dürfe und dass wegen levitischer Unreinheit kein Jude den Tempelberg betreten möge – eine Anordnung, die von orthodoxen Juden und Jüdinnen in der Regel bis heute befolgt wird.

Die frühesten Versuche, den jüdischen Gottesdienst zu standardisieren, erfolgten Ende des 1. Jahrhunderts u.Z. unter Leitung des Rabban Gamliel II. in Jamnia. Diese Stadt zwischen Jaffa und Aschdod war nach der Zerstörung Jerusalems Sitz des Sanhedrins und der berühmten Akademie von Jawne. Die erste Gebetsordnung wurde wahrscheinlich im 9. Jahrhundert niedergeschrieben. Daraus hat sich die Liturgie für den Synagogen-Gottesdienst entwickelt.

2 Lob und Dank: Die Segenssprüche

Wirkliche Gebete machen aber den geringeren Teil des Gottesdienstes aus. Der Großteil besteht aus Lob, Huldigung und Dank sowie aus allgemeinen Reflexionen. Traditionsgemäß soll man am Tag hundert Segenssprüche sprechen. Das klingt nach einem Übermaß, ist aber für einen Beter, der die Pflichtgebete mit all ihren »Brachot« spricht, ein durchaus machbares Pensum.

In Psalm 24,1 heißt es: »Sein ist die Erde und was sie füllt«. Daraus folgerten die Rabbinen, dass die Menschen erst dann über all diese Gaben verfügen dürfen, wenn sie sich zuvor Gottes Erlaubnis eingeholt haben. In der Mischna finden sich bereits die entsprechenden »Brachot«, die etwa über die Früchte des Bodens und der Erde oder über das Wasser zu sprechen sind. Segenssprüche sind aber nicht nur für Gottes Gaben nötig, die den Lebensunterhalt sichern, sondern auch für Naturereignisse und andere Besonderheiten: Blitz und Donner, der Anblick von Bergen, Meer oder einem Regenbogen, die Begegnung mit besonders begabten Menschen. Man bekennt sich aber auch bei frohen Nachrichten ebenso wie bei tragischen Ereignissen, etwa bei der Nachricht von einem Todesfall, mit einem Segensspruch zu Gott. Daneben geht jeder Erfüllung einer Mizwa, etwa dem Zünden der Kerzen zu Schabbat, eine »Bracha« voraus. Ja, man dankt Gott auch für die sieben besonderen Fruchtarten, mit denen das Heilige Land ausgezeichnet ist. Besonderer Dank gebührt der Gabe des Brotes als Quelle der Lebenskraft, und so endet jede Mahlzeit, bei der Brot verzehrt wurde, mit einem besonderen Tischgebet, dem »birkat ha'mason«, das es in verschiedenen Fassungen gibt.

»Gelobt seist Du, Ewiger, unser Gott, Gebieter der Welt, der Du die Welt mit Güte, Gnade und Barmherzigkeit nährst, jedem Geschöpf Unterhalt gibst, ewig währt Deine Güte. Durch Deine Güte fehlt uns keine Speise und wird uns auch keine fehlen. Du nährst alles und alle Geschöpfe, die Du hervorgebracht hast. Gelobt seist Du, Ewiger, der Du alle nährst.«[1]

3 Das persönliche Gebet

Individuelle Gebete ergänzen das Gebet in der Gemeinschaft und die Segenssprüche. Moses selbst gibt uns Beispiele dafür, dass auch ein freies Gebet Wirkung haben kann, ganz unabhängig von festen Gebetsordnungen und von Gebetsbüchern. Auch die Ausführlichkeit oder Dauer dieser persönlichen Gebete kann variieren. So verbringt Moses einmal, als er für sein Volk Fürbitte einlegt, gleich »40 Tage und 40 Nächte« damit, und sein Gebet wird erhört (5 Moses 9,18);

1 Tischgebet aus dem »Gebetbuch für die neue Synagoge in Berlin«

als Moses ein anderes Mal für seine kranke Schwester Miriam betet, da umfasst dieses Gebet ganze fünf Worte und wird ebenfalls erhört (4 Moses 12,13).

Spontane Gelegenheitsgebete können gesprochen werden, wann immer das Bedürfnis danach besteht. Einige dieser Zusatzgebete aus talmudischer Zeit sind längst Teil der festgeschriebenen Liturgie. Bekannt sind diese Gebete als Anschluss an die Amida:

Rabbi Eleasar pflegte zu beten: »Möge es Dein Wille sein, o Herr, unser Gott, Liebe, Brüderlichkeit, Frieden und Freundschaft in unserer Gemeinschaft wohnen zu lassen. Mögest Du unsere Grenzen reich machen an Schülern.«

Rabbi Chija pflegte zu beten: »Möge es Dein Wille sein, o Herr und Gott, dass unsere Tora unsere Beschäftigung sei, dass unser Herz nicht erkranke und unsere Augen sich nicht trüben.«

Raw pflegte zu beten: »Möge es Dein Wille sein, o Herr, unser Gott, uns langes Leben zu verleihen, ein Leben des Friedens, ein Leben des Guten, ein Leben des Segens, ein Leben des Unterhalts, ein Leben der körperlichen Gesundheit, ein Leben voll Furcht vor der Sünde, ein Leben frei von Schmach und Schande.«

4 Agenden: Sammlungen von Gebeten für besondere Anlässe

Das Judentum kennt keinen Mittler. Wir richten unsere Gebete direkt an Gott in der Erwartung, dass sich die Antwort darauf in Segenswirkungen erweist, in Verständnis und in innerem Frieden. Und doch hat das Judentum mit seinen Rabbinerinnen und Rabbinern, Kantorinnen und Kantoren offiziell beauftragte Amtsträger, um die vielfältigen Aufgaben der Gemeinschaft zu erfüllen: zu lehren, seelsorglich tätig zu sein und zu predigen, Gottesdienste zu leiten und Lebenshilfe zu geben, Rituale zu vollziehen am Beginn des Lebens, an dessen Ende und mitten im Leben, in religiösen Fragen zu entscheiden und vielleicht sogar zwischen Himmel und Erde zu vermitteln.

In Ausübung dieser Funktionen sind immer schon Zusammenstellungen entstanden, die Gebete und Einleitungen für Kasualhandlungen und besondere Anlässe zusammenführen. In strukturierter Form als »Agenden« gilt dies besonders für die Zeit nach der Aufklärung. Hier sei nur beispielhaft an zwei besonders wichtige Werke aus dem 19. Jahrhundert erinnert: Lion Wolffs »Universal-Agende für jüdische Kultusbeamte«[2] und »Sefer Berit Yitzchak: A Manual Comprising the Ritual of Marriage, Circumcision, Redemption of the First Born, and Confirmation [Bar Mitzvah] and the Usual Prayers for These Ceremonies: Also Speeches Designed for Such Occasions«, by Yitzchak Yehudah Leib Kadushin the Mohel.

Aber auch die verschiedenen Rabbinerverbände geben ihren Mitgliedern mit ihren Handbüchern solche Materialsammlungen an die Hand, so z.B. das orthodoxe »Hamadrikh – The Rabbi's Guide« von Hyam E. Goldin aus dem Jahr 1933, für die Rabbinical Assembly des konservativen Judentums 1965 das »Likute Tefilah« von Jules Harlow und 1998 »Moreh Derekh: The Rabbi's Manual« von Perry Raphael Rank und Gordon M. Freeman, für die Central Conference of American Rabbis 1988 das liberale »Maaglei Zedek – Rabbi's Manual« von David Polish und W. Gunther Plaut und 1997 die für die Reconstructionist Rabbinical Association von Seth Daniel Riemer herausgegebene Loseblattsammlung »Madrikh Larabbanim«.

---

2 Berlin 1891

Die vorliegende Sammlung, herausgegeben von Rabbiner Andreas Nachama, reiht hier mit »Schma Tefilatejnu – Gebete für den jüdischen Fest- und Lebenszyklus« eine deutschsprachige jüdische Agende ein. Das Werk erschließt uns mit den Gebeten aus der Sammlung seines Vaters Oberkantor Estrongo Nachama eine wichtige Quelle spiritueller jüdischer Wiedergeburt in der Bundesrepublik Deutschland. Für die liberalen Rabbinerinnen und Rabbiner in Deutschland, Österreich und der Schweiz ist damit etwas entstanden, aus dem sie für ihren Dienst in der jüdischen Gemeinschaft großen Nutzen ziehen werden.

Von Rabbiner Abraham Jehoschua Heschel (1907–1972) können wir lernen: »Das Gebet ist kein gelegentlich anzuwendendes Mittel, nicht ein letzter Ausweg dann und wann. Es ist vielmehr ein fester Wohnsitz für das Innerste der Person. Alle Dinge haben eine Heimat: Der Vogel hat sein Nest, der Fuchs seinen Bau und die Bienen ihren Stock. Eine Seele ohne Gebet ist eine Seele ohne Heimat. [...] Denn was die Seele betrifft: Die Seele ist immer dort zu Hause, wo Gebet ist.«

Landesrabbiner a.D. Prof. Dr. Walter Homolka

Zur Entstehung der Sammlung deutschsprachiger Gebete von Oberkantor Estrongo Nachama und zur Entwicklung des liberalen Gottesdienstes in Berlin zwischen 1947 und 2000

Wenn ich mich an die Zeiten vor meiner Barmizwa 1964 zurückerinnere, dann wurden in der Synagoge Pestalozzistraße fast ausschließlich die Gebetbücher der »Neuen Synagoge« Oranienburger Straße für Schabbat und Wallfahrtsfeste benutzt und für die Hohen Feiertage ein vom American Joint Distribution Committee 1953 aufgelegter Nachdruck des »Einheitsgebetbuches für die Hohen Feiertage« von 1933. Damit betete die Gemeinde in der Synagoge Pestalozzistraße und in der Iranischen Straße; in der Synagoge Fränkelufer waren es Gebetbücher von Rabbiner Michael Sachs. Schließlich wurde in den 1960er-Jahren ein Einklebeblatt für den »Siddur Sefat Emet« zusammengestellt, da die Gebetbücher der Neuen Synagoge nicht mehr erhältlich und die vorhandenen Exemplare immer mehr abgenutzt waren.

Oft begleitete ich meinen Vater Estrongo besonders rund um Feiertage, um erkrankte oder sonst wie ans Haus gefesselte Gemeindemitglieder zu besuchen. Sie ließen sich dann das Gebetbuch aufschlagen, Estrongo sang ihnen die Melodie des »Kiddusch« oder des »Ma nischtana« leise vor, sie stimmten ein und beteten dann in Ermangelung guter Hebräischkenntnisse aktiv selbst lesend die deutschsprachigen Einleitungsgebete für den jeweiligen Feiertag. Später, als diese Gebetbücher nicht mehr verfügbar waren und Fotokopien preiswert und einfach herzustellen waren, nahm Estrongo diese Gebete auf »Zettlach« (jidd., Zettelchen) mit zu den ans Bett gefesselten Kranken, damit sie einen ihnen verständlichen Text zum aktiven Beten hatten. Heute kann man die »schönsten Gebete des Judentums – Frieden in Fülle komme vom Himmel« in jeder Buchhandlung erwerben – gleichwohl ist der vorliegende Band mit Gebeten für verschiedenste Anlässe nicht nur für Vorbeter und Rabbiner gedacht, sondern auch für einzelne, die mit diesen Gebeten ihren Weg zu Gott finden.

Eingeschlossen in diese Sammlung sind auch Segenssprüche, die im Kontext von Familienfeiern stehen. Mündige Juden können mit Hilfe der in diesem Buch versammelten Gebete auch ohne Vorbeter oder Rabbiner ein jüdisches Haus mit einer Mesusa einweihen oder den Segen für ein durch ein Standesamt getrautes Paar geben. Die Mitwirkung eines Kantors oder Rabbiners an einer solchen familiären Zeremonie ist zwar wünschenswert, aber entbehrlich, denn im Judentum sind Rabbiner und Kantoren durch die Smicha (Ordination) nicht geweiht, sondern lediglich bevollmächtigt, nach den Gesetzen von Moses und Israel zu »lehren oder zu richten«.

Wer einmal Estrongo Nachama in der Synagoge Pestalozzistraße erlebt hat, weiß, dass er in seinen Gottesdiensten nichts dem Zufall überlassen hatte. »Mit geladener Pistole sollst Du in den Krieg ziehen!« – eine Reminiszenz aus seiner Zeit als Fernmeldesoldat der griechischen Armee. Für den Oberkantor bedeutete dies, dass er sich auf jeden Teil des Gottesdienstes vorbereitete, auch auf die Teile, die Sache des Rabbiners waren, wie deutschsprachige Einführungsgebete. War »sein« Rebbe Ernst Stein nicht da, hielt er auch für Gastrabbiner die deutschsprachigen Gebete in seiner Mappe bereit, bei Konzertreisen hatte er, die Vergesslichkeit anderer ins Kalkül ziehend, immer auch einen Satz Noten für den Begleiter dabei – nur nichts dem Zufall überlassen.

So sammelte Estrongo deutschsprachige Gebete, die über das Gängige in den Gebetbüchern für die Neue Synagoge bzw. die Synagoge Fasanenstraße und das Einheitsgebetbuch hinausgingen. Unendlich viele Lesezeichen gab es in seiner schier unüberschaubar großen Sammlung von Siddurim und Machsorim. Gelegentlich haben Gastrabbiner auch eigene Gebete mitgebracht. So findet sich in der Sammlung ein Gebet von Rabbiner Max Eschelbacher (Bruchsal 1880–1964 London) auf Schreibmaschinendurchschlagpapier vom Juni 1960.[1] Aufgenommen wurde auch ein Konvolut, das mir Benno Simoni aus der Sammlung seines Vaters übergeben hat. Es enthält viele von Rabbiner Martin Riesenburger (Berlin 1896–1965 Berlin) mit Schreibmaschine getippte deutschsprachige Gebete, die er in kleine selbstzusammengeklebte Gebetsbücher eingelegt hatte.

Wurden Estrongo im Rahmen eines Nachlasses Gebetbücher übergeben, fiel sein erster Blick auf das Landesgebet. Da konnte man am Namen des Kaisers oder Königs, zu dessen Wohlergehen das Gebet verfasst war, sehen, aus welcher Zeit und aus welchem Land das Buch stammte. Und wie groß war die Freude, wenn ein Gebet enthalten war, das für ihn sprechbar war und zugleich eine Variante der schon vorhandenen darstellte. Mir kam schon bald nach meiner Barmizwa die ehrenvolle Aufgabe zu, diese Texte aus vergilbten Gebetbüchern auf meiner Schreibmaschine abzuschreiben, da es Estrongo schwer fiel, in Fraktur gedruckte Texte zu lesen. In einer etwas späteren Phase hat der Oberkantor die Texte nach seinem Gusto optimiert. Da griff er zur Schere, um dann mit Tesafilm einzelne Sätze oder Absätze von Text A mit Text B oder dem Schlusssatz von C zusam-

1 siehe Seite 133

menzukleben und übergab mir dann die Kollagen mit der Bitte, sie erneut abzutippen und ggf. kleine grammatische Anpassungen vorzunehmen. So veränderten sich die Gebete bis Mitte der 1980er Jahre mit Tippex, Tesafilm und Schere. Noch blieb es beim Abtippen auf der Schreibmaschine, die inzwischen schon ein IBM-Kugelkopf-Modell mit dem für Redemanuskripte geeigneten Kugelkopf »Orator« war. Schließlich begann das Zeitalter der PCs. Jetzt wurden die Gebete zu »Dagesch-files« und wurden immer schneller weiterbearbeitet. Folglich kam es jetzt mit den technischen Möglichkeiten des Ausdrucks von hebräischen und deutschen Textteilen in einem Dokument zu einer Generalrevision aller Texte.

Schon immer fügte Estrongo, wenn er bei Abwesenheit eines Rabbiners die deutschsprachigen Gebete selbst sprach, gern den Schlusssatz hinzu: »uwa l'zion goel, w'nomar AMEN!«, nach Rabbiner Michael Sachs zu deutsch: »Und es kommt für Zion ein Erlöser!« Estrongo übersetzte den Satz aber anders. In der Pessach-Haggada heißt es: »Der Ewige führte uns aus Ägypten nicht durch Vermittlung eines Engels, nicht durch einen Seraph und nicht durch einen Boten, sondern der Heilige, gepriesen sei Er, in seiner Heiligkeit selbst« (2 Moses 12,12). Estrongo lehrte mich zu verstehen, dass die Rabbiner, die den Text der Haggada zusammenstellten, damit ausschließen wollten, dass Moses als Gehilfe Gottes, wie Jesus von Nazareth im Christentum als ein Mittler zwischen Gott und den Menschen, angesehen wird. Sie legten deshalb in der Haggada dar, dass der Auszug aus Ägypten allein Gottes Werk war und die Erlösung Zions allein von Gott ausgehe. Estrongo sah auch seine Befreiung aus dem KZ als gottgegebene Neugeburt an. Folglich war für ihn die angemessene Übersetzung: »Aber für Zion kommt Er als Erlösung.«

Schließlich hatte er den Wunsch, die Eingangsgebete mit Kernsätzen zum jeweiligen Anlass zu ergänzen, denn er wusste aus unzähligen Gesprächen nach den Gottesdiensten an der Tür der Synagoge nur zu gut, wie sehr die Gemeinde auf grundlegende Informationen angewiesen war. Wie oft hatte er Menschen nach dem Abendgebet auf Nachfragen nach dem Kern des Feiertags in wenigen Worten zu sagen versucht, worum es an dem jeweiligen Feiertag überhaupt ging. So entwickelten wir in den 1990er Jahren die vorliegenden hebräischen Einleitungen für die deutschsprachigen Gebete: Für den Schabbat setzten wir den ersten Teil des vierten Gebotes, für die Wallfahrtsfeste die im Mussaf-Gebet eingefügten biblischen Kernsätze.

Besondere Aufmerksamkeit kommt auch den Landesgebeten zu. Bis zum Ende der 1960er Jahre formulierten die Rabbiner in der Synagoge Pestalozzistraße: »Gott segne den Bundespräsidenten, seine Minister und Ratgeber, das Oberhaupt und den Senat dieser Stadt mit Weisheit und Verstand, damit sie Frieden und Freiheit im Inneren wie im Äußeren erhalten und verfestigen.« Die Formulierung »der Bundespräsident, *seine* Minister und Ratgeber« bildet wohl nicht ganz die Verfassungswirklichkeit der Bundesrepublik ab. Aber nicht deshalb, sondern eher aus einem nachvollziehbaren Ressentiment gegen Deutschland hat dann Rabbiner Manfred Lubliner, der von 1972 bis 1981 Rabbiner der Synagoge Pestalozzistraße war, stattdessen das hebräische Gebet für den Staat Israel eingeführt. Schließlich wurde die noch heute übliche Formulierung »Segne die, denen das Volk Autorität gegeben hat mit Weisheit und Verstand, damit sie Frieden und Freiheit im Inneren wie im Äußeren erhalten und verfestigen« als Standard gesetzt.

Eine andere Gruppe der hier abgedruckten Gebete sind die »Mi Scheberach« – Segenssprüche für verschiedene Anlässe. Estrongo hat über viele Jahre mit dem Synagogenvorstand darüber gestritten, ob die Zeile »dafür gibt der Aufgerufene eine Spende (Zedakka oder Matana)« Teil des Segensspruches sein dürfe oder nicht. Besonders schwer fiel es ihm, wenn etwa zu den Hohen Feiertagen Personen nur deshalb vom Synagogenvorstand zur Schriftlesung aufgerufen wurden, damit deren (große) Spende, teilweise auch mit dem konkreten DM-Betrag, genannt werden würde. Für ihn war jede Schenkung, wie groß oder klein der Betrag oder das Objekt auch sein mochte, wichtig, aber es sollte nicht verknüpft werden mit Genesungswünschen oder anderen frommen Gebeten an Gott. Geschenke für die Gemeinde oder die Synagoge sollten ohne Bedingung gegeben und an geeigneter Stelle im Gottesdienst angezeigt werden. In seiner Mappe, die er zu jedem Gottesdienst mit sich führte, findet sich ein Gebet auf Papier von Rabbiner Riesenburger mit der Überschrift »Schenkung«[2], das er zusammen mit der Präsentation des gestifteten Objekts oder mit Hinweis auf dieses Objekt vor dem Einheben der Tora oder am Ende des Gottesdienstes, nach dem »Alejnu Leschbeach«, gesprochen hat.

Für Estrongo war es wichtig, dass jedes Wort eines »Mi Scheberach« – eines jeden Segensspruches – zu verstehen war, folglich hatte er kleine Papptäfelchen, auf denen die Segenssprüche verzeichnet waren und die er dann in dem unnachahmlichen »Nigun« (Rezitativ) ablesend deklamierte.

2 siehe Seite 123

Seine Sammlung von Gebeten begann also durch Adaption der in verschiedenen Gebetbüchern, Madrichim und sonstigen Agenden für jüdische Kultusbeamte verzeichneten Segensspüche. Erst waren es aus vorliegenden Gebetbüchern heraus vergrößerte Fotokopien – anfangs sogar in reprographischen Betrieben gefertigte Abzüge – schließlich waren es in der hebräischen Software »Dagesh« erfasste Computerfiles, die, genauso wie die deutschsprachigen Texte, ad libitum ergänzt und bearbeitet wurden, erst von Estrongo und mir, später dann von meinem Sohn Alexander oder mir.

So entstand aus der Sammlung bzw. mit der Sammlung von Gebeten, die Estrongo über fünf Jahrzehnte Tätigkeit als Chasan der Jüdischen Gemeinde zu Berlin zusammengebracht hatte, das vorliegende Buch.

Im November 1946 fand in der Synagoge Pestalozzistraße ein Synagogenkonzert statt, von dem in der Dezemberausgabe der damals erschienenen Gemeindezeitschrift »Der Weg« berichtet wird, dass die Anwesenden die »deutsche Kedusche« (»Es tönt von der Erde zum Himmel empor«), eine von Louis Lewandowski vertonte Adaption eines zentralen Gebetes des jüdischen Gottesdienstes, in größter Ergriffenheit »stehend entgegengenommen« hätten. Gebete in deutscher Sprache bildeten in den Synagogen Nachkriegsdeutschlands eher eine Ausnahme, denn die wenigsten der damals in Deutschland lebenden Juden waren tatsächlich deutsch-jüdischer Herkunft. Die überwiegende Mehrheit waren polnische oder russische »Displaced Persons«, die ihre Gottesdienste nach osteuropäisch-jüdischer Tradition im osteuropäisch gefärbten, aschkenasischen Hebräisch einrichteten. In der Berliner Synagoge Pestalozzistraße entwickelte sich hingegen ein Gottesdienst, untrennbar mit dem seit 1947 dort als Vorbeter amtierenden Estrongo verbunden, der auf der Tradition des »liberalen« deutschen Judentums basierte und die Vertonungen Lewandowskis pflegte. Dass diese Ausnahmeerscheinung gleichzeitig ganz wesentlich das musikalische Außenbild des deutschen Judentums verkörperte, lag ganz wesentlich an der seit 1946 ausgestrahlten »Sabbat-Feier« des Berliner Radiosenders RIAS (jetzt DeutschlandRadio Berlin), der wöchentlich eine 25-minütige jüdische Rundfunkandacht ausstrahlte, die im wesentlichen von Lewandowskis Kompositionen geprägt war und durch ihre lange Laufzeit bis in die 1990er Jahre und ihren hervorragenden Sendeplatz auch von unzähligen nichtjüdischen Menschen gehört wurde.

Da Estrongo aber die Vorkriegsgemeinde und ihre musikalische Tradition nicht kannte – war er doch in einer sefardischen Gemeinde in Saloniki mit ganz anderen musikalischen und inhaltlichen Schwerpunkten aufgewachsen – waren es überlebende Traditionsträger, die ihn in die musikalische und gedankliche Welt des deutschen Judentums eingeführt hatten. Sie lehrten ihn, dass der Vorbeter nicht nur »Schalich zibur« – der öffentliche Gesandte der Gemeinde – ist, der die Stichworte für das Mitbeten der Gemeinde liefert, sondern auch Kantor – Vorsänger im Sinne des lateinischen »cantare« –, der den des Hebräischen als Sprache meist unkundigen Gemeindemitgliedern durch die Melodie des »Kiddusch« (Weinsegnungsgebet) oder des »El male rachamim« (Gedenkode für Tote) den Weg zu Gott zu vermitteln hat. Gottesdienste, so sagte Rabbiner Levinson oft auch in meiner Gegenwart, müssen mit der Gemeinde »gefeiert« werden, »sie sind ein Fest – ein großes Halleluja!«

Für die Übermittlung der musikalischen Tradition an Estrongo ist an erster Stelle Arthur Zepke zu nennen, ein katholischer Organist der jüdischen Berliner Vorkriegsgemeinde, der in seiner Wohnung einen gesamten Satz der die Gottesdienste minutiös abbbildenden Partituren gerettet hat. Traditionsübermittler an Estrongo waren aber auch die Kantoren (später Prediger) Edmund Lehmann und Hermann Klein und vor allem Oberkantor Leo Gollanin, der Estrongo ausgebildet hat. Für die inhaltliche Vermittlung des deutsch-jüdischen Erbes müssen vor allem Rabbiner Martin Riesenburger, der in den 1940er Jahren oft in der Pestalozzistraße gepredigt hat, und Rabbiner Nathan Peter Levinson, der von 1950 bis 1953 als Gemeinderabbiner in Berlin wirkte, genannt werden. Die Rabbiner Levinson, der noch Student an der Hochschule für die Wissenschaft des Judentums war, und Martin Riesenburger waren musikalisch beide von dem Lewandowski-Gottesdienst geprägt und inhaltlich theologisch auf der von Leo Baeck vertretenen progressiven, zugleich aber der Tradition verpflichteten Linie.

Gelegentlich kam es vor, dass Estrongo mit dem Gebetbuch der Neuen Synagoge in der Hand auf einen der Traditionsträger zuging und fragte, warum dieses oder jenes Gebet hier nicht in der traditionellen Form, sondern mit verändertem Text vorlag. Zum Beispiel das Gebet, das an den drei Wallfahrtsfesten im Mussaf – im Hauptgebet – in altfrommen Gebetbüchern steht. Es war im 19. Jahrhundert von den großen Reformern des Judentums ersetzt worden. In der altfrommen Version heißt es: »Mipi chato-enu: Wegen unserer Sünden und der Sünden unserer Vorfahren wurden wir aus unserem Land vertrieben und von unserem Boden entfernt ... und kamen andere Verwüstungen über uns.« Im Gebetbuch für die Neue Synagoge, das die Grundlage für den Gottesdienst in den liberalen Synagogen Berlins bildete, heißt es hingegen: »Unsere Vorfahren mussten ihr Land verlassen und sich vom Tempeldienst entfernen, aber Du bleibst Gott Israels, damit wir in verschiedenen Ländern zur Heiligung Deines Namens in alle Welt vom Sonnenaufgang bis zum Sonnenuntergang wirken.«

Die Reformer des 19. Jahrhunderts argumentierten, man könne nicht einerseits bekunden: »Die Seele, die Du mir (bei der Geburt) gegeben hast, ist rein«, um damit zum Ausdruck zu bringen, es gäbe im Judentum keine Erbsünde, andererseits die Diasporaexistenz der Juden mit den der Zerstörung des Tempels vorausgehenden Verfehlungen der Vorväter erklären, und deswegen hatten sie das Gebet umformuliert.

Im konsequenten Weiterdenken des altfrommen Gebetes konnte dann aber auch eine für die Überlebenden der Schoa unerträgliche Theologie liegen: »wegen der Sünden der Vorfahren« gab es den industriellen Massenmord – die Schoa. Wenn also Estrongo dieses Gebet der Neuen Synagoge bewusst wählte, dann war das nicht nur eine Weiterführung der Tradition der Neuen Synagoge, sondern tiefste inhaltliche Überzeugung, die er mir in den wöchentlichen Lehrstunden, die er mir, solange ich zu Hause lebte, am Schabbatnachmittag erteilte, mit großem Ernst vermittelte. Unvergesslich ist mir in diesem Zusammenhang ein Vorfall aus den 1990er Jahren. Estrongo war an einem Wallfahrtsfest nicht selbst zu einem Dienst in der Synagoge Pestalozzistraße eingeteilt und wurde Zeuge des Vortrags eines anderen Kantors, der nichtwissend, dass der Gebetstext nicht dem altfrommen Gebetbuch folgen sollte, »wegen der Sünden unserer Väter« intonierte. »Eu-wa-weu«, der zuhörende Oberkantor begann zu schimpfen. Die Beter waren irritiert, denn außer mir wusste zunächst niemand, worum es ging. Die Gebetbücher der

Neuen Synagoge waren nicht mehr vorhanden, die in die Liturgie inhaltlich Eingewiesenen nicht anwesend. Immerhin führte dieser Vorfall dazu, dass für Schabbat, Wallfahrtsfeste und Hohe Feiertage für die Synagoge Pestalozzistraße innerhalb von nur drei Jahren ein Satz von Gebetbüchern entstand, der an den Ritus der Neuen Synagoge anschloss und das abbildete, was sich in der Pestalozzistraße nach 1945 zur Tradition entwickelt hat.

Schon bald nach meiner Barmizwa lehrte mich Estrongo das Tischdankgebet. Dabei kommt in einem Absatz eine Aufzählung vor, die etwa so geht: BERACHA (Segen), WISCHUA (Hilfe), NECHAMA (Trost), PARNASSA (Einkommen) und KALKALA (Wirtschaftliches Auskommen). Er erzählte mir, dass, wann immer er als junger Mann neben seinem Vater saß und diese Textstelle nach dem Essen rezitiert wurde, ihm der Vater beim »NECHAMA« liebevoll mit dem Ellenbogen in die Rippen stieß und mit dem Zeigefinger auf sich selbst deutete. Wenn immer in den Jahrzehnten wir diese Textstelle gemeinsam erlebten, stieß er mich in die Seite und murmelte etwas von Menachem, seinem Vater. Jetzt führe ich diesen kleinen Aufstoß als Familientradition mit Alexander fort.

Das Tischdankgebet enthielt auch eine inhaltliche Klippe für Holocaust-Überlebende, denn in der vorletzten Zeile heißt es:

נַעַר הָיִיתִי גַּם זָקַנְתִּי וְלֹא רָאִיתִי צַדִּיק נֶעֱזָב,
וְזַרְעוֹ מְבַקֶּשׁ לָחֶם:

»Jung war ich, jetzt bin ich alt geworden, aber ich habe nie gesehen, dass ein Gerechter verlassen gewesen wäre oder dessen Kinder Brot erbetteln mussten.« Das konnten oder wollten die Nachamas, Riesenburgers, Levinsons, Lehmanns und wie all die Kantoren, Prediger und Rabbiner hießen, die die Schoa, die Auschwitz überlebt hatten, nicht singen. Was heißt singen? Das konnten sie nicht denken und schon gar nicht beten, denn im Gegensatz zur Gemeinde, die mit großer Inbrunst diese schöne Melodie, den Inhalt nicht kennend und nicht ahnend, mitsang, wussten sie, die Hebräisch verstanden, doch, was sie taten. Also ließen sie die Zeile weg. Das fiel auch nicht besonders auf, denn die Sätze davor werden ohnehin oftmals als »Stilles Gebet« gelesen. Aber nun fehlte dem Kantor der richtige musikalische Abschluss, denn die Zeile war in einer populären Melodie eingebettet, die gerne von allen mitgesungen wurde. Also hängte Estrongo eine andere musikalisch zum Mitsingen einladende Zeile an:

הֲשִׁיבֵנוּ יְיָ, אֵלֶיךָ וְנָשׁוּבָה, חַדֵּשׁ יָמֵינוּ כְּקֶדֶם:

»Führe uns zurück, Ewiger, zu Dir, wir wollen umkehren, erneuere unsere Tage wie ehedem.« Diesen Satz konnten die Schoa-Überlebenden mit voller Inbrunst singen, und das hat Estrongo auch mit ganzem Herzen getan.

Estrongo hatte auch mich diese Zeilen gelehrt, wie übrigens dann Jahrzehnte später seinen Enkel Alexander, aber sie standen nicht im Gebetbuch – jedenfalls nicht als Ende des Tischdankgebetes. Meine nachhaltige Frage, als 13- oder 14-Jähriger, warum das so sei, wurde nicht beantwortet, bis Anfang der 1970er Jahre Rabbiner Manfred Lubliner, der nach seinem Gefängnisaufenthalt infolge der Pogromnacht 1938 nach Südamerika emigrieren konnte, nach Berlin kam und sich mit diesem örtlichen Brauch nicht anfreunden konnte. Wer Estrongo kannte, weiß, dass er für seinen Minhag auch auf Barrikaden gehen konnte. Erst jetzt erfuhr ich, dass Holocaust-Überlebende die traditionelle Zeile des Tischdankgebetes nach der Schoa so nicht mehr beten wollten oder konnten. Die Angelegenheit endete dann mit einem Kompromiss: beides wurde gesungen, Estrongo freilich hielt bei der von ihm als unpassend empfundenen Zeile inne, was nicht weiter auffiel. Was aber blieb, ist die Zusatzzeile, die nun ihren Platz im Jüdischen Gebetbuch[3] unter dem Zusatz »wird in einigen Gemeinden hinzugefügt« hat.

Die neuesten von Estrongo in »seine« Sammlung aufgenommenen Gebete stammen aus dem von Walter Homolka 1997 herausgegebenen »Seder Tefilot« - das jüdische Gebetbuch.[4] Es ist zum einen das Einleitungsgebet für Schabbat Schacharit Gottesdienste[5], zum anderen ein Gebet, das Estrongo für Gedenkfeiern in den Gedenkstätten Sachsenhausen und Dachau verwendete.[6]

Die Gebete stammen zum Teil aus der allgemeinen Gebetbuchüberlieferung. Die Ausgangstexte für die übrigen Gebete habe ich, soweit es möglich war, in Fußnoten angegeben.

Besonderer Dank an Dr. Erika Bucholtz, die das Lektorat der deutschsprachigen Gebete mit der ihr eigenen großen Sorgfalt übernommen hat, und an Dr. Noga Hartmann, die die hebräischen Texte korrigiert hat.

---

3 Bd. 1 Schabbat und Feiertage, S. 27

4 2 Bde, Gütersloh 1997

5 siehe Seite 39, 44, 60

6 siehe Seite 129

Einführungsgebet

Diese Synagoge ist ein offenes Haus für jeden, der in Toleranz
und Respekt jüdischem Gottesdienst beiwohnen will
oder mit uns unseren Gott und den Gott unserer Vorfahren,
den Schöpfer aller Menschen,
im gemeinsamen Gebet sich nähern will.

Unser Gott und Gott unserer Vorfahren!
Wir sind nur ein kleiner Teil der großen Familie Israels,
aber gemeinsam mit allen anderen Gemeinden
wenden wir uns zu Dir.
Vor Dir allein beugen wir uns,
vor unseren Mitmenschen stehen wir aufrecht.

Deine Gerechtigkeit eint die Familie Israels,
obwohl sie über den ganzen Erdkreis verstreut ist.
Deine Gerechtigkeit vernehmen wir in jeder Sprache
und an jedem Ort. Sie ermutigt uns,
Werkzeuge Deines Friedens zu sein.
Wie der Prophet Jesaja (56,7) Gottes Spruch verkündet:
»Denn mein Haus soll ein Bethaus genannt werden
für alle Völker.«

כִּי בֵיתִי בֵּית תְּפִלָּה יִקָּרֵא לְכָל הָעַמִּים:

Landesgebet 1

אָבִינוּ שֶׁבַּשָּׁמַיִם, בָּרֵךְ אֶת מְדִינַת יִשְׂרָאֵל,
תִּהְיֶה רֵאשִׁית צְמִיחַת גְּאֻלָּתֵנוּ. וְקַיֵּם בָּהּ מִקְרָא שֶׁכָּתוּב.
כִּי מִצִּיּוֹן תֵּצֵא תוֹרָה , וּדְבַר יְיָ מִירוּשָׁלָיִם.

Unser Vater im Himmel, segne den Staat Israel, der der Beginn unserer Erlösung sei, errichte ihn zu einem Mittelpunkt, wie es in der Tora geschrieben steht: Denn Weisung geht aus von Zion, das Wort des Ewigen von Jerusalem.

אֱלֹהֵנוּ וְאלֹהֵי רוּחַ כָּל בָּשָׂר, שְׁמוֹר וּבָרֵךְ אֶת הָאָרֶץ
הַזֹּאת. בָּרֵךְ אֶת כָּל שָׂרֶיהָ.

Unser Gott, Vater aller Menschen, erhalte das Land, in dem wir wohnen! Segne die, denen das Volk Autorität gegeben hat, mit Weisheit und Verstand, damit sie Frieden und Freiheit im Inneren wie im Äußeren erhalten und verfestigen.

מִי שֶׁבֵּרַךְ אֲבוֹתֵינוּ אַבְרָהָם יִצְחָק וְיַעֲקֹב, הוּא יְבָרֵךְ אֶת
כָּל הַקָּהָל הַקָּדוֹשׁ הַזֶּה, עִם כָּל קְהִלּוֹת הַקֹּדֶשׁ.

Segne diese Gemeinde als einen Teil Israels, segne ihre Vorsteher und Vertreter sowie alle, die ihr in Liebe dienen.
Segne ein jedes Haus dieser Gemeinde, Männer, Frauen und Kinder. Stärke die Schwachen, heile die Kranken, richte auf, die ihren Weg verloren haben, schenke Trost den Trauernden.
Gib, Ewiger, dass wir uns Dir nähern durch unser redliches Verhalten und unsere Hingabe zum Wohl von ganz Israel und allen Menschen. Lass den von allen Menschen erhofften Frieden bald in unseren Tagen kommen. Und breite das Zelt Deines Friedens aus. Es mögen alle Menschen in Sicherheit leben. – So möge es sein Wille sein!

וּפְרוֹשׂ סֻכַּת שְׁלוֹם עַל־כָּל־הָעוֹלָם.
וְכָל יוֹשְׁבֵי תֵבֵל יִשְׁכְּנוּ לָבֶטַח. וְכֵן יְהִי רָצוֹן, וְנֹאמַר אָמֵן:

Landesgebet 2

אָבִינוּ שֶׁבַּשָּׁמַיִם, צוּר יִשְׂרָאֵל וְגוֹאֲלוֹ,
בָּרֵךְ אֶת מְדִינַת יִשְׂרָאֵל, רֵאשִׁית צְמִיחַת גְּאֻלָּתֵנוּ.
הָגֵן עָלֶיהָ בְּאֶבְרַת חַסְדֶּךָ וּפְרוֹס עָלֶיהָ סֻכַּת שְׁלוֹמֶךָ וּשְׁלַח
אוֹרְךָ וַאֲמִתְּךָ לְרָאשֶׁיהָ, שָׂרֶיהָ וְיוֹעֲצֶיהָ,
וְתַקְּנֵם בְּעֵצָה טוֹבָה מִלְּפָנֶיךָ.
חַזֵּק אֶת יְדֵי מְגִנֵּי אֶרֶץ קָדְשֵׁנוּ,
וְהַנְחִילֵם אֱלֹהֵינוּ יְשׁוּעָה, וַעֲטֶרֶת נִצָּחוֹן תְּעַטְּרֵם,
וְנָתַתָּ שָׁלוֹם בָּאָרֶץ וְשִׂמְחַת עוֹלָם לְיוֹשְׁבֶיהָ.

Unser Vater im Himmel, Fels und Erlöser Israels,
segne den Staat Israel, den Beginn unserer Erlösung,
beschütze ihn und breite über ihm das Zelt Deines Friedens aus.
Gewähre Deine Erleuchtung und Deine Wahrhaftigkeit
seinen Repräsentanten, Ministern und Ratgebern,
und statte sie mit gutem Rat aus.
Stärke die Verteidiger des Heiligen Landes,
lasse sie dauerhafte Erfüllung finden
und kröne ihre Bemühungen mit Erfolg!
Gib dem Land und allen Bewohnern dauerhaften Frieden
und Freude.

אֱלֹהֵינוּ וֵאלֹהֵי רוּחַ כָּל בָּשָׂר,
שְׁמוֹר וּבָרֵךְ אֶת הָאָרֶץ הַזֹּאת, בָּרֵךְ אֶת כָּל שָׂרֶיהָ.

Unser Gott, Vater aller Menschen, erhalte das Land,
in dem wir wohnen! Segne die, denen das Volk Autorität gegeben
hat, mit Weisheit und Verstand, damit sie Frieden und Freiheit
im Inneren wie im Äußeren erhalten und verfestigen.

מִי שֶׁבֵּרַךְ אֲבוֹתֵינוּ אַבְרָהָם יִצְחָק וְיַעֲקֹב,
הוּא יְבָרֵךְ אֶת כָּל הַקָּהָל הַקָּדוֹשׁ הַזֶּה,
עִם כָּל קְהִלּוֹת הַקֹּדֶשׁ.

Segne diese Gemeinde als einen Teil Israels, segne ihre Vorsteher
und Vertreter sowie alle, die ihr in Liebe dienen.
Segne ein jedes Haus dieser Gemeinde, Männer,
Frauen und Kinder.
Stärke die Schwachen, heile die Kranken, richte auf,
die ihren Weg verloren haben, schenke Trost den Trauernden.
Gib, Ewiger, dass wir uns Dir nähern
durch unser redliches Verhalten und unsere Hingabe
zum Wohl von ganz Israel und allen Menschen.
Lass den von allen Menschen erhofften Frieden
bald in unseren Tagen kommen. Präge unser Herz,
dass es Dich liebe und fürchte, dass es all Deine Weisungen
beachte, und sende uns in naher Zukunft
den Messias aus dem Hause Davids.
Offenbare Dich in all Deiner Größe und Macht
allen Bewohnern dieser Erde.
Es mögen alle Menschen sagen:
»Der Ewige, der Gott Israels, ist Gebieter, und sein Reich umfasst
das gesamte Weltall.«

וְיֹאמַר כֹּל אֲשֶׁר נְשָׁמָה בְאַפּוֹ:
יְיָ אֱלֹהֵי יִשְׂרָאֵל מֶלֶךְ וּמַלְכוּתוֹ בַּכֹּל מָשָׁלָה,
אָמֵן סֶלָה:

Landesgebet 3

אָבִינוּ שֶׁבַּשָּׁמַיִם:

Unser Gott, Schöpfer aller Menschen!
Erhalte das Land, in dem wir wohnen!
Segne den Bundespräsidenten, seine Minister und Ratgeber,
segne das Oberhaupt und den Senat dieser Stadt sowie alle,
denen das Volk Autorität gegeben hat, mit Weisheit und Verstand,
damit sie Frieden und Freiheit im Inneren
wie im Äußeren erhalten und verfestigen.
Segne unsere Gemeinden als einen Teil Israels,
segne ihre Vorsteher und Vertreter sowie alle,
die ihr in Liebe dienen. Segne ein jedes Haus unserer Gemeinden –
Männer, Frauen und Kinder.
Stärke die Schwachen, heile die Kranken, richte auf,
die ihren Weg verloren haben, schenke Trost den Trauernden.
Gib, Ewiger, dass wir uns Dir nähern
durch unser redliches Verhalten und unsere Hingabe zum Wohl
von ganz Israel und von allen Menschen.
Lass den von allen Menschen erhofften Frieden
bald in unseren Tagen kommen.
Offenbare Dich in all Deiner Größe und Macht
allen Bewohnern dieser Erde.
Es mögen alle Menschen sagen:
»Der Ewige, der Gott Israels, ist Gebieter,
und sein Reich umfasst das gesamte Weltall.«

וְיֹאמַר כֹּל אֲשֶׁר נְשָׁמָה בְאַפּוֹ:
יְיָ אֱלֹהֵי יִשְׂרָאֵל מֶלֶךְ וּמַלְכוּתוֹ בַּכֹּל מָשָׁלָה, אָמֵן סֶלָה:

Kabbalat Schabbat 1

זָכוֹר אֶת יוֹם הַשַּׁבָּת לְקַדְּשׁוֹ.
שֵׁשֶׁת יָמִים תַּעֲבֹד וְעָשִׂיתָ כָּל מְלַאכְתֶּךָ.
וְיוֹם הַשְּׁבִיעִי שַׁבָּת לַייָ אֱלֹהֶיךָ,
לֹא תַעֲשֶׂה כָל מְלָאכָה,

Gedenke des Schabbattages, um ihn heilig zu halten.
Sechs Tage lang sollst du arbeiten
und all deine Geschäfte verrichten.
Doch der siebte Tag ist ein Ruhetag für den Ewigen,
deinen Gott.
Du sollst an ihm keinerlei Arbeit tun.

Ribon haolam! Herr der Welt!
Wir erheben unsere Herzen zu Dir,
der Himmel und Erde gemacht hat.
Wir wenden uns ab von unserer alltäglichen Arbeit,
von unseren Nöten und Plagen, von Lärm und Streit,
von Hetze und Ermüdung und versenken unsere Seele
in die heilige Ruhe Deiner Gegenwart.
Aw Harachamim, Vater des Friedens, Du, segne diesen Schabbat:
Gib uns Mut, wenn uns die Macht der Angst bedrückt,
gib uns Trost, wenn uns Leid trifft,
gib uns Stärke, wenn wir schwach werden,
und hilf uns, Dir treu zu sein.
Allmächtiger, Ewiger Gott, nimm diese Worte unseres
gemeinsamen Gebetes und all unsere stillen Gedanken
gnädig an Dein gütiges Vaterherz, Du, unser Schöpfer und Retter.
Segne uns mit Deinem Schabbatfrieden!

וּבָא לְצִיּוֹן גּוֹאֵל,
וּבְכֵן יְהִי רָצוֹן וְנֹאמַר אָמֵן.

Kabbalat Schabbat 2

זָכוֹר אֶת יוֹם הַשַּׁבָּת לְקַדְּשׁוֹ.
שֵׁשֶׁת יָמִים תַּעֲבֹד וְעָשִׂיתָ כָּל מְלַאכְתֶּךָ.
וְיוֹם הַשְּׁבִיעִי שַׁבָּת לַיְיָ אֱלֹהֶיךָ,
לֹא תַעֲשֶׂה כָל מְלָאכָה,

Gedenke des Schabbattages, um ihn heilig zu halten.
Sechs Tage lang sollst du arbeiten
und all deine Geschäfte verrichten.
Doch der siebte Tag ist ein Ruhetag für den Ewigen,
deinen Gott.
Du sollst an ihm keinerlei Arbeit tun.

Vorüber sind nun die Tage der Arbeit, und der Schabbat kommt,
den Du, Ewiger, eingesetzt hast, dass er uns ein Tag der Ruhe und
Sammlung sei. Nach sechs Tagen der Arbeit sei uns
dieser Schabbat ein Bote des Friedens, der uns mahnt,
dass alle Menschen Deine Geschöpfe sind.
Möge dieser von Dir schon im Schöpfungswerk geschaffene Tag
uns daran erinnern, dass Du es bist, der unsere Werke segnet,
dass der Mensch nicht vom Brot allein lebt,
sondern dass erst Dein Wort unser Leben veredelt
und uns davor bewahrt, in der Alltagsarbeit unterzugehen.
So lass, Ewiger, unser Gott, die Schabbatruhe in unsere Gemeinde,
in unsere Familien und in unsere Herzen einziehen!
Lass die Botschaft des Schabbat die Trauernden aufrichten!
Lass diese Schabbatfeier eine Stunde des Segens sein für alle,
die sich hier versammelt haben, aber auch für alle unsere Lieben:
Schenke uns Deinen Schabbatfrieden!

וּבָא לְצִיּוֹן גּוֹאֵל
וּבְכֵן יְהִי רָצוֹן וְנֹאמַר אָמֵן:

Wie an jedem Erew Schabbat sammeln wir uns mit ganz
besonderer Andacht, um unser Gebet zu verrichten:
Du hast uns diese Stunden der Ruhe und Erholung gegeben,
damit wir uns stärken für die neue Woche
(und diesen neuen Monat ______________).
Lass, allmächtiger Gott, Vertrauen einkehren in unseren Herzen,
damit wir hoffnungsvoll der Zukunft entgegensehen.
Wir wollen den Schabbat heiligen.
Öffne uns Deine milde Hand,
sättige uns mit Deinem Guten
und erfreue uns durch Deine Hilfe.
Sende uns Deine Gnade, Aw Harachamim,
allen, die Deinen Namen in Liebe anrufen, sende Beistand,
sende den Trauernden Trost.
Dieser Schabbat (und diesen Rosch Chodesch ______________)
sei uns allen und all unseren Lieben,
wo auch immer sie zur Stunde seien, eine Quelle der Erholung
und der Hoffnung, aus der wir und sie Kraft schöpfen mögen
für eine neue Woche.
So wie das der Prophet Jesaja (56,2) sagt:

אַשְׁרֵי אֱנוֹשׁ [...] שֹׁמֵר שַׁבָּת

»Glücklich ist der, [...]
der den Schabbat hütet!«

וּבָא לְצִיּוֹן גּוֹאֵל
וּבְכֵן יְהִי רָצוֹן וְנֹאמַר אָמֵן:

Kabbalat Schabbat 3

זָכוֹר אֶת יוֹם הַשַּׁבָּת לְקַדְּשׁוֹ.
שֵׁשֶׁת יָמִים תַּעֲבֹד וְעָשִׂיתָ כָּל מְלַאכְתֶּךָ.
וְיוֹם הַשְּׁבִיעִי שַׁבָּת לַיְיָ אֱלֹהֶיךָ,
לֹא תַעֲשֶׂה כָל מְלָאכָה,

Gedenke des Schabbattages, um ihn heilig zu halten.
Sechs Tage lang sollst du arbeiten
und all deine Geschäfte verrichten.
Doch der siebte Tag ist ein Ruhetag für den Ewigen,
deinen Gott.
Du sollst an ihm keinerlei Arbeit tun.

Am Schabbat Rosch Chodesch wird der Text in Klammern hinzugefügt

(חַדֵּשׁ עָלֵינוּ בְּיוֹם הַשַּׁבָּת הַזֶּה,
אֶת הַחֹדֶשׁ הַזֶּה, לְטוֹבָה וְלִבְרָכָה.
לְשָׂשׂוֹן וּלְשִׂמְחָה. לִישׁוּעָה וּלְנֶחָמָה.
לְפַרְנָסָה וּלְכַלְכָּלָה. לְחַיִּים וּלְשָׁלוֹם.
לִמְחִילַת חֵטְא וְלִסְלִיחַת עָוֹן.)

(Lass an diesem Schabbattage
diesen neuen Monat ____________
uns neu entstehen zum Glück und Segen,
zur Wonne und Freude, zu Wohlergehen und Trost,
zu Nahrung und Auskommen,
zum Leben und Frieden,
zur Verzeihung der Sünden
und Vergebung der Schuld.)

Ribon haolam
Herr der Welt!

Einleitung für Morgengottesdienste am Schabbat

Unser Gott und Gott unserer Vorfahren.
Wir danken Dir, dass Du uns lehrst, die Tora zu lesen.
Wir sind nur ein kleiner Teil der großen Familie Israels,
aber gemeinsam mit allen anderen Gemeinden
wenden wir uns Dir zu.
Vor Dir allein beugen wir uns,
vor unseren Mitmenschen aber stehen wir aufrecht.
Deine Gerechtigkeit eint die Familie Israels,
obwohl sie über den ganzen Erdkreis zerstreut ist.
Deine Gerechtigkeit vernehmen wir in jeder Sprache
und an jedem Ort. Sie ermutigt uns,
Werkzeuge Deines Friedens zu sein.
Wie der Psalmist sagt:

הִנֵּה לֹא יָנוּם וְלֹא יִישָׁן שׁוֹמֵר יִשְׂרָאֵל׃

»Nein, nicht schläft und nicht schlummert der Hüter Israels!«[1]
Lass diese Schabbatfeier eine Stunde des Segens sein für alle,
die sich hier versammelt haben, aber auch für alle unsere Lieben,
wo auch immer sie zur Stunde sein mögen.
Schenke uns Deinen Schabbatfrieden!

וּבָא לְצִיּוֹן גּוֹאֵל
וּבְכֵן יְהִי רָצוֹן וְנֹאמַר אָמֵן׃

1 Psalm 121,4

Beim Ausheben der Tora

Gelobt sei Gott, der in seiner Heiligkeit Israel
seine Lehre gegeben hat.
Gottes Lehre ist vollkommen, sie stärkt die Seele
und erfreut das Herz. Sie ist die Leuchte all unserer Tradition.
Sie hat Israel zu allen Zeiten Kraft und Ausdauer gewährt.
Du, Ewiger, bist der Ursprung aller Wahrheit,
Deine Lehre ist Wahrheit,
und alle Worte Deiner Verheißungen sind Wahrheit.
Lass, Ewiger, Deine Lehre immer tiefer in uns sich befestigen,
zum Segen für Israel und die ganze Menschheit!

וּבְכֵן יְהִי רָצוֹן וְנֹאמַר אָמֵן:

Beim Einheben der Tora

Beim Rasten während der Wüstenwanderung geleitete Moses
die Bundeslade an ihren Ort inmitten des Lagers der Benej Israel
mit den Worten: »Kehre ein, Ewiger,
unter die Tausendschaften Israels.«
So beten wir zu Dir beim Rasten von unserer Arbeit,
dass Dein heiliges Wort, unsere Tora,
mehr und mehr Teil unseres Lebens wird:

כִּי לֶקַח טוֹב נָתַתִּי לָכֶם,
תּוֹרָתִי אַל־תַּעֲזֹבוּ:

Es heißt: »Eine gute Lehre habe ich euch gegeben,
verschmäht meine Unterweisung nicht,
denn ein Baum des Lebens ist sie denen, die an ihr festhalten,
und wer sie erfasst, wird gesegnet.«
Ihre Wege sind Wege der Klugheit
und all ihre Pfade voll des Friedens.
»Führe uns zurück zu Dir, Ewiger, dass wir uns Dir nähern.
Erneuere erneut unsere Tage!«

הֲשִׁיבֵנוּ יְהֹוָה אֵלֶיךָ וְנָשׁוּבָה
חַדֵּשׁ יָמֵינוּ כְּקֶדֶם:

Gebet für die Ankündigung des Rosch Chodesch 1

חַדֵּשׁ עָלֵינוּ אֶת הַחֹדֶשׁ הַזֶּה לְטוֹבָה וְלִבְרָכָה.

Erneuere uns diesen Monat zum Guten und zum Segen!

Ribon haolam!
Du hast die Sonne erschaffen zur Herrschaft am Tage,
den Mond und die Sterne zur Herrschaft in der Nacht.
Tag und Nacht wechseln, und es schwinden die Monde und Jahre.
Nur Du bist und bleibst ewig derselbe.
Auch unser Leben ist dem Wandel unterworfen und vergänglich,
aber das Gebet Israels weilt immer bei Dir.
Gib, dass der eintretende neue Monat ________________,
dessen Neumondsfeier wir am ________________ begehen,
uns Leben und Gesundheit, Freude und Frieden bringen möge.
Lass den neuen Monat ________________ segensvoll
für uns werden, von seinem Eingang bis zu seinem Ausgang,
und erfülle die frommen Bitten unseres Herzens.
Möge der Ewige den neuen Monat ________________
für uns und ganz Israel zum Leben,
zum Frieden und zur Freude werden lassen![2]

2 Gebetbuch für die Synagoge Fasanenstraße, Seite 167f.

Gebet für die Ankündigung des Rosch Chodesch 2

יְהִי רָצוֹן מִלְּפָנֶיךָ יְיָ אֱלֹהֵינוּ וֵאלֹהֵי אֲבוֹתֵינוּ,
שֶׁתְּחַדֵּשׁ עָלֵינוּ אֶת הַחֹדֶשׁ הַזֶּה לְטוֹבָה וְלִבְרָכָה,
וְתִתֶּן לָנוּ חַיִּים אֲרוּכִים,
חַיִּים שֶׁל שָׁלוֹם.

Ein Leben in Frieden

חַיִּים שֶׁל טוֹבָה

Ein Leben in Glück

חַיִּים שֶׁל בְּרָכָה,

Ein Leben des Segens

חַיִּים שֶׁל פַּרְנָסָה,

Ein Leben des guten Einkommens

חַיִּים שֶׁיֵּשׁ בָּהֶם יִרְאַת שָׁמַיִם וְיִרְאַת חֵטְא:

Ein Leben von Gottesfurcht und Sündenscheu

חַיִּים שֶׁאֵין בָּהֶם בּוּשָׁה וּכְלִמָּה,

Ein Leben frei von Schmach und Schande

חַיִּים שֶׁל עֹשֶׁר וְכָבוֹד,

Ein Leben des Reichtums und der Ehre

חַיִּים שֶׁתְּהֵא בָנוּ אַהֲבַת תּוֹרָה וְיִרְאַת שָׁמַיִם,

Ein Leben erfüllt von Liebe zur Tora und Ehrfurcht vor Gott

חַיִּים שֶׁיְמַלֵּא יְיָ מִשְׁאֲלוֹת לִבֵּנוּ לְטוֹבָה

Ein Leben, in dem unsere Herzenswünsche
zum Guten in Erfüllung gehen

אָמֵן סֶלָה:

Wenn Rosch Haschana auf einen Schabbat fällt, wird hinzugefügt

זָכוֹר אֶת יוֹם הַשַּׁבָּת לְקַדְּשׁוֹ.
שֵׁשֶׁת יָמִים תַּעֲבֹד וְעָשִׂיתָ כָּל מְלַאכְתֶּךָ.
וְיוֹם הַשְּׁבִיעִי שַׁבָּת לַייָ אֱלֹהֶיךָ,
לֹא תַעֲשֶׂה כָל מְלָאכָה,

Gedenke des Schabbattages, um ihn heilig zu halten.
Sechs Tage lang sollst du arbeiten
und all deine Geschäfte verrichten.
Doch der siebte Tag ist ein Ruhetag für den Ewigen,
deinen Gott.
Du sollst an ihm keinerlei Arbeit tun.

Am Vorabend des Rosch Haschana

Himmlischer Vater! In dieser heiligen Stunde,
da das alte Jahr in stille Dämmerung versinkt,
erhebt sich unsere Seele andachtsvoll zu Dir.
Zu Dir tragen wir all unsere Gefühle und Gedanken,
zu Dir all unsere Wünsche.
Und unser erstes Gefühl, mit dem wir Dir heute nahen,
ist freudiger Dank, dass Du uns die vielen Stunden
wieder hast erleben lassen, dass Du Tag für Tag über uns wachtest
und mit Deiner Vaterliebe uns umgabst.
Du öffnetest an jedem Morgen uns aufs neue
Deine gnadenreiche Hand
und erhältst uns mit Deiner Vaterliebe.
Auch dunkle Wolken jagten über Deine hellglänzende Welt;
auch von Schmerz und Tränen erzählt uns das scheidende Jahr,
von zerstörtem Glück und zertrümmerten Hoffnungen.
Das sterbende Jahr mahnt uns,
dass unsere Jahre schwinden wie ein Hauch.

Ein Jahr um das andere sinkt in das Grab der Vergangenheit,
und wir wissen nicht, wie viele Jahre Du uns noch schenken wirst.
Darum flüchten wir zu Dir,
die Kinder der Zeit, zu dem ewigen Vater,
um in Dir Halt und Zuversicht zu finden.
Und so bitten wir Dich: Gib uns Kraft und Stärke! Heilige
unsere guten Taten! Lindere unsere Schmerzen!
Erhalte unsere Seele in Zufriedenheit mit unserem Schicksal,
gib uns Hoffnung und Mut! Lass, himmlischer Vater,
dieses Jahr für uns alle und für ganz Israel werden ein Jahr
des Lebens und der Gnade, des Friedens und des Segens![3]
AMEN

3 Sammlung Rabbiner Dr. Martin Riesenburger

Einleitung für Morgengottesdienste an Hohen Feiertagen

Unser Gott und Gott unserer Vorfahren.
Wir danken Dir, dass Du uns

- dieses Rosch Haschana
- diesen Jom Hakippurim

hast erleben lassen.

Wir sind nur ein kleiner Teil der großen Familie Israels, aber gemeinsam mit allen anderen Gemeinden wenden wir uns Dir zu.
Vor Dir allein beugen wir uns, vor unseren Mitmenschen
aber stehen wir aufrecht.
Deine Gerechtigkeit eint die Familie Israels,
obwohl sie über den ganzen Erdkreis zerstreut ist.
Deine Gerechtigkeit vernehmen wir in jeder Sprache und an jedem Ort. Sie ermutigt uns, Werkzeuge Deines Friedens zu sein.

הִנֵּה לֹא יָנוּם וְלֹא יִישָׁן שׁוֹמֵר יִשְׂרָאֵל׃

»Nein, nicht schläft und nicht schlummert der Hüter Israels!«[4]
Lass diese Andacht eine Stunde des Segens sein für alle,
die sich hier versammelt haben, aber auch für alle unsere Lieben,
wo auch immer sie zur Stunde sein mögen.
Wie der Prophet Jesaja (56,7) Gottes Spruch verkündet:
»Denn mein Haus
soll ein Bethaus genannt werden
für alle Völker.«

כִּי בֵיתִי בֵּית תְּפִלָּה יִקָּרֵא לְכָל הָעַמִּים׃

4 Psalm 121,4

Gebet am Vorabend zum zweiten Tag Rosch Haschana

Unser Vater, unser Gebieter!
Betend stehen wir vor Dir in diesen Stunden,
in denen ein neues Jahr beginnt.
Dankbar sind wir, dass Du uns hast diesen Tag erleben lassen.
Du hast uns hierher geführt,
uns gehütet und ernährt.
Du hast mit dem Aufgehen der Sonne an jedem Morgen
Dein Schöpfungswerk täglich erneuert.

Was die Zukunft bringt – Du allein weißt es.
Wir aber wissen, dass wir bei Dir sicher geborgen sind.
Gedenke unser zum Leben,
zur Gesundheit und zum Frieden.
Du hast uns geschaffen.
Lehre uns, unsere Tage zu zählen und zu erkennen,
dass wir auf den Wegen gehen, die Du uns gelehrt hast.

Gib uns Freude an unserer Arbeit,
und gib unserer Arbeit Erfolg.
Das Werk unserer Hände
und das Wort unserer Lippen trage zur Vervollkommnung
unserer Welt bei, und sei es durch ein liebevolles Lächeln
oder die gütige Hinwendung zu unseren Nächsten.

Segne diese Gemeinde und ganz Israel in allem Tun.
Lass Gotteserkenntnis,
Recht und Wahrheit,
Liebe und Frieden sich immer weiter ausbreiten,

dass Dein Reich auf Erden begründet werde

und alle Welt Dich verehre.

Lass das Neue Jahr 57____ ein segensreiches Jahr sein für uns

und für ganz Israel.

וּבָא לְצִיּוֹן גּוֹאֵל
וּבְכֵן יְהִי רָצוֹן
וְנֹאמַר אָמֵן:

Vor dem Alenu
im Mussaf
des Rosch Haschana
und Jom Kippur

Einig-einziger Gott!
Du hast durch den Mund Deines Propheten das Wort
ergehen lassen, das Wort des Segens für alle Bewohner der Erde,
das also lautet:
»Wendet euch zu mir, all ihr Enden der Welt,
dass alles zum Segen für euch werde;
denn ich bin Gott und keiner außer mir!
Bei mir habe ich geschworen;
aus meinem Munde ist der Segen gekommen, die Verkündigung,
die nicht zurückgeht:
Vor mir beugt sich jedes Knie, mir schwört jede Zunge.
Bei Gott allein ist Gnade und Macht, in ihm wird gerecht werden
und sein sich rühmen die ganze Gemeinde Israel.«
Und so lasset uns das Knie beugen vor dem Ewigen,
unserem Gott und Schöpfer, zu dem sich Israel zu allen Zeiten
als den einig-einzigen Gott bekannt hat.
AMEN

Einleitungsgebet für Schabbat Schuwa

זָכוֹר אֶת יוֹם הַשַּׁבָּת לְקַדְּשׁוֹ.
שֵׁשֶׁת יָמִים תַּעֲבֹד וְעָשִׂיתָ כָּל מְלַאכְתֶּךָ.
וְיוֹם הַשְּׁבִיעִי שַׁבָּת לַייָ אֱלֹהֶיךָ,
לֹא תַעֲשֶׂה כָל מְלָאכָה:

Gedenke des Schabbattages, um ihn heilig zu halten.
Sechs Tage lang sollst du arbeiten
und all deine Geschäfte verrichten.
Doch der siebte Tag ist ein Ruhetag für den Ewigen,
deinen Gott.
Du sollst an ihm keinerlei Arbeit tun.

Ribon haolam!
Herr der Welt, wir erheben unsere Herzen zu Dir,
der Himmel und Erde gemacht hat.
Wir wenden uns ab von unserer alltäglichen Arbeit,
von unseren Nöten und Plagen,
von Lärm und Streit, von Hetze und Ermüdung
und versenken unsere Seele in die heilige Ruhe Deiner Gegenwart.
Am heutigen Schabbat Schuwa sagen wir
mit dem Propheten Hosea (14,2):

שׁוּבָה יִשְׂרָאֵל עַד יְהֹוָה אֱלֹהֶיךָ:

»Kehre um, Israel, zum Ewigen, deinem Gott!«
Aber Dein Erbarmen nimmt uns wieder auf,
Ewiger, der Du alle Sünden nach aufrichtiger Reue vergibst,
nimm auch das Regen unserer Lippen,
die fromme und milde Tat,
die wir tun, gnädig an und vergib uns unsere Schuld.
Gedenke unser zum Leben, zur Gesundheit und zum Frieden.

Lehre uns, unsere Tage zu zählen und zu erkennen,
dass wir auf den Wegen gehen, die Du uns gelehrt hast.
Gib uns Freude an unserer Arbeit und gib unserer Arbeit Erfolg.
Das Werk unserer Hände und das Wort unserer Lippen
trage zur Vervollkommnung unserer Welt bei,
und sei es durch ein liebevolles Lächeln
oder die gütige Hinwendung zu unseren Nächsten.
So erbarme Dich unser,
Vater des Friedens, Du, segne uns mit Deinem Schabbatfrieden!

וּבָא לְצִיּוֹן גּוֹאֵל
וּבְכֵן יְהִי רָצוֹן וְנֹאמַר אָמֵן:

Nach Kol Nidre vor Barechu 1

Aus der Tiefe rufen wir zu Dir, Ewiger.
Höre, Ewiger, auf unsere Stimme!
Mögen Deine Ohren lauschen auf unser lautes Flehen!
Wolltest Du auf Sünden achten, Ewiger,
wer könnte dann, Ewiger, vor Dir bestehen?
Ja, Vergebung ist bei Dir,
auf dass man Dir in Ehrfurcht diene.

Wir hoffen in dieser heiligen Stunde auf den Ewigen;
es hoffen unsere Seelen;
wir harren auf sein Wort.

Unsere Seelen harren auf den Ewigen
mehr als die Wächter auf den Morgen.

Harre Israel auf den Ewigen!
Denn beim Ewigen ist Huld
und bei ihm Erlösung.
Er wird ganz Israel erlösen von allen seinen Sünden
und uns als einen Teil Israels.

וּבְכֵן יְהִי רָצוֹן וְנֹאמַר אָמֵן:

שְׁמַע קוֹלֵנוּ, יְיָ אֱלֹהֵינוּ,
חוּס וְרַחֵם עָלֵינוּ, וְקַבֵּל
בְּרַחֲמִים וּבְרָצוֹן אֶת תְּפִלָּתֵנוּ.

Nach Kol Nidre vor Barechu 2

Höre unsere Stimme, Ewiger, unser Gott!
Sei gnädig und erbarme Dich über uns,
und nimm unser Gebet barmherzig und wohlgefällig auf.

Heute werden wir zu Deinem Gerichtshof gerufen.
Du, Ewiger, unser Gott, sprichst Recht.
Es gibt kein Unrecht, und es gibt kein Ansehen der Person.
Wir werden herausgerufen aus unserem Alltag
mit seinen Kompromissen und Halbwahrheiten,
seinen Ausflüchten und Heucheleien,
herausgerufen aus einer verwirrten und irreführenden Welt.
Wir werden herausgerufen, um einen Augenblick lang
Gelegenheit zu haben, die Wahrheit zu sprechen.
Kol Nidre sagt uns, dass die Worte unserer Münder nicht immer
mit den Worten unseres Herzens übereinstimmen.
Es erinnert uns daran, dass die Kluft zwischen unserem
inneren Sein und unseren äußeren Worten
und Taten uns auf den Nägeln brennt.
Ewiger unser Gott, hilf uns den rechten Weg zu finden
und zu halten.

הֲשִׁיבֵנוּ יְיָ אֵלֶיךָ וְנָשׁוּבָה,
חַדֵּשׁ יָמֵינוּ כְּקֶדֶם.

Führe uns, Ewiger, zurück zu Dir, und wir kehren um,
erneuere unsere Tage, wie sie ehedem waren.

Vor Awinu Malkenu
am Kol Nidre

Jedes Gebet und jedes inbrünstige Flehen, das aus den Herzen
aller hier Versammelten zu Dir emporgestiegen ist,
möge von Dir erhört werden. Wir hoffen, dass jeder die Schäden
seines Herzens erkannt und bußfertig versucht hat,
sie wiedergutzumachen. Wir beten, dass Du in Deinen Höhen
uns erhörst und jedem Gnade gewährst, denn Du, Ewiger,
unser Gott, Du allein kennst das Herz aller Menschenkinder.
Awinu malkenu, petach schaare schamajim litfilatenu!
Unser Vater, unser Gebieter, öffne unserem Gebet die Himmelstore!
AMEN

Nach Aschamnu am Kol Nidre und Mussaf des Jom Kippur

Allgegenwärtiger, allwissender Gott! Du kennst des Menschen Herz,
durchforschst sein Inneres, erlauschst die geheimsten Regungen
unserer Seele, mit allen unseren Wegen bist Du vertraut.
Vor Dir gibt es keine Täuschung, vor Dir kein Verhüllen.
Wer von uns wollte vor Dir rein sich nennen
und von sich selber sprechen: Ich habe nicht gesündigt!
Nein, wir alle wissen und bekennen es:
Wir haben uns schwer vergangen, wir haben gesündigt
gegen Dich, wissentlich und unwissentlich.
Wir haben durch unseren Wandel Deinen heiligen Namen entweiht,
haben die Treue gegen Überzeugung
und Wahrheit gebrochen um Besitz, um nichtigen Gewinn,
haben im Glück uns überhoben und undankbar Dich vergessen;
haben im Unglück schwach uns erwiesen, haben gemurrt.
Wir sind nicht immer Deinen Wegen nachgegangen.
Vergib Deinen Kindern, verzeihe Schuld und Missetat denen,
die in aufrichtiger Reue und Buße zu Dir zurückkehren,
wie Du durch Deinen Propheten verheißen hast:
»Es verlasse der Frevler seinen Weg und der sündige Mensch
seine Gedanken und kehre zurück zum Ewigen, der sich erbarmt,
und zu unserem Gott, der immer wieder verzeiht.«
AMEN

Mussaf Jom Kippur
zum Alenu
vor der Awoda

בֹּאוּ נִשְׁתַּחֲוֶה וְנִכְרָעָה נִבְרְכָה לִפְנֵי יְהוָה עֹשֵׂנוּ׃

Kommt wir wollen niederknien
und uns verneigen
und die Knie beugen
vor dem Ewigen,
der uns erschuf!

Einig-einziger Gott!
Du hast durch den Mund Deines Propheten das Wort ergehen lassen, das Wort des Segens für alle Bewohner der Erde,
das also lautet:
»Wendet euch zu mir, all ihr Enden der Welt, dass Segen euch zu Teil werde; denn ich bin Gott und keiner außer mir!
Bei mir habe ich geschworen; aus meinem Munde ist das Wort gekommen, die Verkündigung, die nicht zurückgeht:
Vor mir beugt sich jedes Knie, mir schwört jede Zunge.«
Bei Gott allein ist Gnade und Macht, in ihm wird gerecht werden und sein sich rühmen die ganze Gemeinde Israel.
Und so lasset uns das Knie beugen vor dem Ewigen,
unserem Gott und Schöpfer, zu dem sich Israel zu allen Zeiten als den einig-einzigen Gott bekannt hat.
AMEN

פְּתַח לָנוּ שַׁעַר:

Vor Petach Lanu Schaar im Ne'ila Gebet

Öffne uns, Ewiger, die Pforte des Segens, ehe sich schließt
die Pforte des Lichtes; denn schon neigt sich der Tag.
Der Tag geht dahin, die Sonne neigt sich, die Stille des Abends
und die Ruhe der Nacht senken sich nieder auf die weite Erde.
Senke, Ewiger, unser Gott, auch in unsere Seele den Frieden,
die Ruhe in unser schmachtendes Herz!
Lass es uns fühlen in dieser Stunde, dass Du uns verziehen,
dass wir Erbarmen bei Dir gefunden haben.

Neige Dich, allgütiger Vater, in Deiner allversöhnenden Liebe
und Milde zu allen bedrückten Herzen,
zu allen schwer beladenen Seelen.
Nimm von ihnen jede Beschwerde des Gemütes
und jede Bürde des Lebens, und lass sie in dieser letzten Stunde
des heiligen Tages Trost und Hoffnung finden
vor Deinem Angesicht. Wie Sternenlicht in dunkler Nacht,
so leuchte stets auf unseren dunklen Erdenpfad das Licht
Deiner väterlichen Gnade.

Nimm, Allbarmherziger, die Gebete des heutigen Tages gnädig auf,
dass wir frei werden von unseren Fehlern und Sünden;
lass uns, die wir uns von neuem Dir
und Deinem heiligen Dienste geweiht haben,
jetzt eingehen in die Pforten Deiner väterlichen Gnade.
Öffne uns die Pforten des Heils,
ehe sich schließt die Pforte des Lichtes;
denn schon neigt sich der Tag.

Der Tag geht dahin, wir gehen wieder an unser Tagewerk;
die Sorgen des Lebens heften sich wieder an uns:
So gib, Ewiger, uns Kraft und Stärke, dass wir vom Guten
nicht weichen, sei mit uns, erhalte uns auf den Pfaden der Tugend
und der Gottesfurcht und lass den heutigen Tag für uns,
ja für alle Menschen guten Willens zum Guten werden.
Öffne uns die Pforte des Segens, ehe sich schließt die Pforte
des Lichtes; denn schon neigt sich der Tag.

פְּתַח לָֽנוּ שַֽׁעַר:

Vorabend des Laubhüttenfestes

וּבַחֲמִשָּׁה עָשָׂר יוֹם לַחֹדֶשׁ הַשְּׁבִיעִי,
מִקְרָא קֹדֶשׁ יִהְיֶה לָכֶם,
כָּל מְלֶאכֶת עֲבוֹדָה לֹא תַעֲשׂוּ,
חַגֹּתֶם חַג לַייָ שִׁבְעַת יָמִים:

Am fünfzehnten des siebten Monats
sei für euch eine Heiligtumsversammlung;
keinerlei Arbeit dürft ihr verrichten,
vielmehr sollt ihr sieben Tage lang
ein Fest für den Ewigen feiern.

Ewiger, unser Gott und Gott unserer Väter, Du hast Sukkot eingesetzt als das Fest der Erntefreude. Die Erde hat uns ihren Ertrag gespendet, Deine Gnade hat uns den Segen der Ernte bereitet, Deine Liebe ist allen Deinen Kindern zugewendet. Du hast einst unsere Vorfahren durch die Wüste geführt und sie in ihren Hütten geschützt. Keine Wand und kein Dach war zwischen ihnen und dem Himmel. Und so wissen auch wir, dass Du allein es bist, der uns Schutz gibt, keine Mauer und kein Dach, so fest es auch sein mag. Und so bitten wir an diesem Sukkot um Deinen Schutz auf unserer Wallfahrt durch das Leben. Gib uns Kraft, damit wir den richtigen Weg zu Dir finden und dankbar die Früchte der Erde genießen und nicht vergessen, auch andere an unseren Gaben teilhaben zu lassen.

בָּרוּךְ אַתָּה יְיָ, הַפּוֹרֵשׂ סֻכַּת שָׁלוֹם עָלֵינוּ וְעַל כָּל עַמּוֹ
יִשְׂרָאֵל וְעַל יְרוּשָׁלָיִם:

Gelobt seist Du, Ewiger,
der Du das Zelt des Friedens über uns, Deinem ganzen Volk Israel und über Jerusalem ausbreitest. AMEN

Einleitung für Morgengottesdienste an Wallfahrtsfesten

Unser Gott und Gott unserer Vorfahren.
Wir danken Dir, dass Du uns

- diesen Chag Ha-Mazot
- diesen Chag Ha-Schawuot
- diesen Chag Ha-Sukkot
- diesen Schabbat Chol Ha-Moed

hast erleben lassen.
Wir sind nur ein kleiner Teil der großen Familie Israels,
aber gemeinsam mit allen anderen Gemeinden
wenden wir uns Dir zu.
Vor Dir allein beugen wir uns,
vor unseren Mitmenschen aber stehen wir aufrecht.
Deine Gerechtigkeit eint die Familie Israels,
obwohl sie über den ganzen Erdkreis zerstreut ist.
Deine Gerechtigkeit vernehmen wir in jeder Sprache
und an jedem Ort. Sie ermutigt uns,
Werkzeuge Deines Friedens zu sein.

הִנֵּה לֹא יָנוּם וְלֹא יִישָׁן שׁוֹמֵר יִשְׂרָאֵל:

»Es schläft und schlummert nicht der Hüter Israels!«
Lass diese Andacht eine Stunde des Segens sein für alle,
die sich hier versammelt haben, aber auch für alle unsere Lieben,
wo auch immer sie zur Stunde sein mögen.
Wie der Prophet Jesaja (56,7) Gottes Spruch verkündet:

כִּי בֵיתִי בֵּית תְּפִלָּה יִקָּרֵא לְכָל הָעַמִּים:

»Denn mein Haus soll ein Bethaus genannt werden
für alle Völker.«

Vorabend des Schabbat Chol Ha-Moed

אִם־שָׁמוֹעַ תִּשְׁמַע לְקוֹל יְהֹוָה אֱלֹהֶיךָ
וְהַיָּשָׁר בְּעֵינָיו תַּעֲשֶׂה
וְהַאֲזַנְתָּ לְמִצְוֹתָיו וְשָׁמַרְתָּ כָּל־חֻקָּיו
כָּל־הַמַּחֲלָה אֲשֶׁר־שַׂמְתִּי בְמִצְרַיִם
לֹא־אָשִׂים עָלֶיךָ, כִּי אֲנִי יְהֹוָה רֹפְאֶךָ:

Wenn du hörst auf die Stimme des Ewigen, deines Gottes,
und das was recht ist in seinen Augen tust,
auf seine Gebote achtest und alle seine Satzungen hältst,
will ich die Krankheiten, die ich Ägypten auferlegt habe,
dir nicht auferlegen, denn ich bin der Ewige, dein Arzt.

זָכוֹר אֶת יוֹם הַשַּׁבָּת לְקַדְּשׁוֹ.

Gedenke des Schabbattages, um ihn heilig zu halten!

Ewiger, unser Gott, Du hast diesen Tag zweifach geheiligt.
Zum einen mit dem Schabbat:
In dieser Stunde zieht die Schabbatruhe in unsere Familien
und in unsere Herzen.
Zum anderen feiern wir diese

- Pessach Festwoche,
- Sukkot Festwoche,

wie Du es uns in der Tora vorgeschrieben hast.
Mögen wir uns an diesem zweifach geheiligten Tag daran erinnern,
dass Du es bist, der unsere Werke segnet,
dass der Mensch nicht vom Brot allein lebt,
sondern dass erst Dein Wort unser Leben veredelt
und uns davor bewahrt, in der Alltagsarbeit unterzugehen.
So lass, Ewiger, unser Gott, die Schabbatruhe
und den Glanz dieser Festwoche in unsere Gemeinde,

in unsere Familien und in unsere Herzen einziehen.
Lass die Botschaft des Schabbat die Trauernden aufrichten.
Lass diese Stunde ein Segen sein für alle,
die sich hier versammelt haben, aber auch für alle unsere Lieben,
wo immer sie im Augenblick auch sind.
Gelobt seist Du, Ewiger, der Du uns durch die Feier

- des Pessach
- des Sukkot

und dieses Schabbats geheiligt hast.

Allmächtiger, Ewiger Gott, nimm diese Worte
unseres gemeinsamen Gebetes
und all unsere stillen Gedanken gnädig an Dein gütiges Vaterherz.
Du, unser Schöpfer und Retter,
und segne uns an diesem Erew Schabbat Chol Ha-Moed.

וּבָא לְצִיּוֹן גּוֹאֵל, וּבְכֵן יְהִי רָצוֹן וְנֹאמַר אָמֵן

בַּיּוֹם הַשְּׁמִינִי, עֲצֶרֶת תִּהְיֶה לָכֶם,
כָּל־מְלֶאכֶת עֲבֹדָה לֹא תַעֲשׂוּ׃

Vorabend des Schemini Azeret

Am achten Tag soll ein Feiertag euch sein,
da sollt ihr keinerlei Arbeit verrichten.

Ewiger, unser Gott, wir sind heute hier
an diesem Chag Schemini Azeret zusammengekommen,
um in dieser Seman Simchatenu, in dieser Zeit der Freude,
uns auf den kommenden Winter vorzubereiten.
Wir suchen den Schutz des Hauses auf,
wir danken für den Segen der Ernte.

Lass, Ewiger, die verborgenen Keime zu neuem Leben
heranwachsen, lass, Ewiger, die heilige Saat des guten Wortes
und der guten Tat in uns dazu heranreifen, das Leben,
in dessen Mitte Du uns gestellt hast,
im Sinn der heiligen Tora zu verbessern und zu veredeln.
Erneuere unsere Tage zum Segen:

חַדֵּשׁ יָמֵינוּ כְּקֶדֶם.
וּבְכֵן יְהִי רָצוֹן וְנֹאמַר אָמֵן

Vorabend des Schemini Azeret am Schabbat

בַּיּוֹם הַשְּׁמִינִי, עֲצֶרֶת תִּהְיֶה לָכֶם,
כָּל מְלֶאכֶת עֲבֹדָה לֹא תַעֲשׂוּ:

Am achten Tag soll ein Feiertag euch sein,
da sollt ihr keinerlei Arbeit verrichten.

Vorbei sind die Sukkottage und gleichzeitig kommt der Schabbat,
den Du, Ewiger, eingesetzt hast, dass er uns ein Tag der Ruhe
und Sammlung sei.
Der Winter naht, und wir suchen Deinen Schutz.
Dieser JOM HASCHEMINI AZERET und dieser Schabbat
mögen uns daran erinnern, dass Du es bist,
der unsere Werke segnet, dass der Mensch nicht vom Brot
allein lebt, sondern dass erst Dein Wort unser Leben veredelt und
uns davor bewahrt, in der Alltagsarbeit unterzugehen.

So lass, Ewiger, unser Gott, die Festtags- und Schabbatruhe
in unsere Gemeinde, in unsere Familien und in unsere Herzen
einziehen. Lass diese Schabbatfeier eine Stunde des Segens
sein für alle, die sich hier versammelt haben,
aber auch für alle unsere Lieben:
schenke uns von Deinem himmlischen Frieden:

וּבָא לְצִיּוֹן גּוֹאֵל, וּבְכֵן יְהִי רָצוֹן וְנֹאמַר אָמֵן

Geschem Benschen

Dein, Ewiger, ist Himmel und Erde; die Welt und was sie füllt,
hast Du gegründet. Auch im verflossenen Jahr hast Du
Deine Hand geöffnet und alles Lebende gesättigt.
Du hast uns einen fruchtbaren Sommer geschenkt.
Nun gehen wir der Zeit entgegen, welche keine Blüten
und auch keine Früchte bringt; aber wir leben von dem Ertrag,
den Du uns geschenkt und den wir gesammelt haben,
damit er uns ernähren und erhalten wird.
Doch Deine Kraft ruht niemals, sie wirkt verborgen im Schoß
der Erde. Ewiger, unser Gott, so lass gedeihen die Saat,
die jetzt dem Boden anvertraut ist. Segne die redliche Tätigkeit
Deiner Menschenkinder und gib ihnen den Lohn ihrer Mühen.
Stärke den mildtätigen Sinn unter den Menschen,
dass sie Herz und Hand aufschließen, um den Bedürftigen
aus ihrer Not zu helfen, hilf jeden Mangel abzustellen,
auf dass alle dankend zu Dir emporblicken und Deine Güte preisen.
So gib denn, Ewiger, unser Gott, in der herannahenden Winterzeit
Nahrung und Kraft, Leben und Gesundheit, Glück und Segen.
AMEN

Vorabend von Simchat Tora

Im Psalm 19 heißt es:

תּוֹרַת יְהֹוָה תְּמִימָה מְשִׁיבַת נָפֶשׁ

Gottes Tora ist beständig,
sie erneuert die Seele.

Die Tora ist unsere Zukunft, die Tora, die wir lernen und lesen und die Tora, die wir in unserem eigenen Leben entdecken. Die Tora ist heute Abend für uns Ende und Anfang zugleich. Wir danken Dir, Ewiger, unser Gott, dass Du uns hast diesen Tag erleben lassen, wieder einmal Ende und Anfang miteinander verknüpfen zu können.

Die Tora ist vollkommen, sie erleuchtet uns und hat Israel zu allen Zeiten Kraft und Ausdauer gewährt. Du, Ewiger, bist der Quell aller Wahrheit, Deine Worte sind Wahrheit und alle Worte Deiner Verheißungen sind Wahrheit. Lass, Ewiger, Deine Lehre, Deine Tora, immer tiefer in uns sich befestigen. In den Worten unseres großen Lehrers Leo Baeck:

»Die Tora ist im Judentum
nie ein altes Buch,
sie ist die Schrift des Lebens,
sie ist die Schrift des Tages.«

So flehen wir zu Dir, dass Dein heiliges Wort unser Leben veredle: Erneuere unsere Tage, damit wir diesen Tag des Beendens und des Neuanfangs noch oft gemeinsam erleben dürfen:

חַדֵּשׁ יָמֵינוּ כְּקֶדֶם.
וּבְכֵן יְהִי רָצוֹן וְנֹאמַר אָמֵן

Vorabend von Chanukka

הַנֵּרוֹת הַלָּלוּ אֲנַחְנוּ מַדְלִיקִים
עַל הַנִּסִּים וְעַל הַתְּשׁוּעוֹת וְעַל הַנִּפְלָאוֹת,
שֶׁעָשִׂיתָ לַאֲבוֹתֵינוּ

Diese Lichter zünden wir an,
wegen der Rettung, wegen der Zeichen und Wunder,
die Du für unsere Väter vollbracht hast.

Fülle unser Herz, Ewiger, unser Gott, mit der Zuversicht,
dass Deine heilige Lehre keiner Macht auf Erden weichen werde.
Lass auch uns mutig ausharren im Kampf für die Wahrheit,
und lass die Erinnerung an die Taten unserer Vorväter
zum Zeugnis werden, dass nichts zu schwer zu vollbringen ist,
wenn es um die Wahrheit geht. War damals auch die Zahl
der aufrechten Kämpfer klein, doch Dein starker Arm hat sie
zum Ziel geführt.
So wie wir in der Haftara am Schabbat Chanukka lesen:

לֹא בְחַיִל וְלֹא בְכֹחַ כִּי אִם בְּרוּחִי אָמַר יְהוָה צְבָאוֹת:

Nicht mit Kraft und nicht mit Gewalt, sondern mit meinem
Geist, spricht der Ewige der Heerscharen.

AMEN

Vorabend
des Schabbat Chanukka

זָכוֹר אֶת יוֹם הַשַּׁבָּת לְקַדְּשׁוֹ.
שֵׁשֶׁת יָמִים תַּעֲבֹד וְעָשִׂיתָ כָּל מְלַאכְתֶּךָ.
וְיוֹם הַשְּׁבִיעִי שַׁבָּת לַייָ אֱלֹהֶיךָ,
לֹא תַעֲשֶׂה כָל מְלָאכָה,

Gedenke des Schabbattages, um ihn heilig zu halten.
Sechs Tage lang sollst Du arbeiten
und all deine Geschäfte verrichten.
Doch der siebte Tag ist ein Ruhetag für den Ewigen,
deinen Gott.
Du sollst an ihm keinerlei Arbeit tun.

הַנֵּרוֹת הַלָּלוּ אֲנַחְנוּ מַדְלִיקִים
עַל הַנִּסִּים וְעַל הַתְּשׁוּעוֹת וְעַל הַנִּפְלָאוֹת,
שֶׁעָשִׂיתָ לַאֲבוֹתֵינוּ

Diese Lichter zünden wir an,
wegen der Rettung, wegen der Zeichen und Wunder,
die Du für unsere Väter vollbracht hast.

Fragte einmal einer Reb Jehoschua ben Chanaja:
»Wie kommt es, dass die Schabbatspeise so wunderbar duftet?«
Antwortet der Rebbe:
»Wir besitzen ein Gewürz, Schabbat genannt, das wir hineintun,
dadurch erhält diese Speise ihren unverwechselbaren Duft.«
Da sprach dieser:
»Gib mir etwas davon ab.«
Antwortet Reb Jehoschua ben Chanaja:
»Bei dem, der den Schabbat beobachtet, wirkt es,
bei dem, der den Schabbat nicht beobachtet, wirkt es nicht!«
Möge dieser Schabbat Chanukka dazu führen,

unsere Wohnungen mit ein wenig mehr Jüdischkeit zu weihen,
damit wir den Duft des Schabbats nicht nur riechen,
sondern fühlen.
Lass diese Schabbatfeier eine Stunde des Segens sein für alle,
die sich hier versammelt haben, aber auch für alle unsere Lieben,
wo auch immer sie zur Stunde sein mögen.

וּבָא לְצִיּוֹן גּוֹאֵל, וּבְכֵן יְהִי רָצוֹן וְנֹאמַר אָמֵן

Vorabend des zweiten Schabbat Chanukka

זָכוֹר אֶת יוֹם הַשַּׁבָּת לְקַדְּשׁוֹ.
שֵׁשֶׁת יָמִים תַּעֲבֹד וְעָשִׂיתָ כָּל מְלַאכְתֶּךָ.
וְיוֹם הַשְּׁבִיעִי שַׁבָּת לַיְיָ אֱלֹהֶיךָ,
לֹא תַעֲשֶׂה כָל מְלָאכָה,

Gedenke des Schabbattages, um ihn heilig zu halten.
Sechs Tage lang sollst du arbeiten
und all deine Geschäfte verrichten.
Doch der siebte Tag ist ein Ruhetag für den Ewigen,
deinen Gott.
Du sollst an ihm keinerlei Arbeit tun.

רִיבּוֹן כָּל הָעֹלָמִים

Herr der Welt!

Schabbatlicht und Chanukkakerzen erstrahlen heute
mit ihrer doppelten Leuchtkraft.

זאֹת חֲנֻכָּה

»Das ist Chanukka«, lesen wir heute! Mögen diese Kerzen Licht
in unsere Herzen, in unsere Häuser, ja, in unsere Welt bringen.

וְכָל שְׁמוֹנַת יְמֵי חֲנֻכָּה הַנֵּרוֹת הַלָּלוּ קֹדֶשׁ הֵם

Alle acht Tage sind diese Kerzen heilig!
So sammeln wir uns wie an jedem EREW SCHABBAT,
um unser Gebet zu verrichten: Lass, allmächtiger Gott,
Vertrauen einkehren in unseren Herzen, damit wir hoffnungsvoll
der Zukunft entgegensehen. Öffne uns Deine milde Hand,
sättige uns, erfreue uns durch Deine Hilfe!
Tröste die Trauernden. Sende allen, die betrübten Herzens sind,
Deinen Beistand.

Dieser Schabbat Chanukka sei uns allen und all unseren Lieben,
wo auch immer sie zur Stunde seien,
eine Quelle der Erholung und der Hoffnung,
aus der wir und sie Kraft schöpfen mögen für eine neue Woche.
So wie das der Prophet Jesaja (56,2) sagt:

אַשְׁרֵי אֱנוֹשׁ [...] שֹׁמֵר שַׁבָּת

Glücklich ist der, [...]
der den Schabbat hütet!

וּבָא לְצִיּוֹן גּוֹאֵל
וּבְכֵן יְהִי רָצוֹן
וְנֹאמַר אָמֵן

Vorabend
des Schabbat Sachor

זָכוֹר אֶת יוֹם הַשַּׁבָּת לְקַדְּשׁוֹ.
שֵׁשֶׁת יָמִים תַּעֲבֹד וְעָשִׂיתָ כָּל מְלַאכְתֶּךָ.
וְיוֹם הַשְּׁבִיעִי שַׁבָּת לַיְיָ אֱלֹהֶיךָ,
לֹא תַעֲשֶׂה כָל מְלָאכָה,

Gedenke des Schabbattages, um ihn heilig zu halten.
Sechs Tage lang sollst du arbeiten
und all deine Geschäfte verrichten.
Doch der siebte Tag ist ein Ruhetag für den Ewigen,
deinen Gott.
Du sollst an ihm keinerlei Arbeit tun.

זָכוֹר אֵת אֲשֶׁר עָשָׂה לְךָ עֲמָלֵק

Erinnere Dich an das, was Amalek Dir getan!

Beschütze uns wie damals, wenn Amalek sich wieder
gegen Dein Volk erhebt. Beschütze Israel an allen Orten
und zu allen Zeiten, wenn Völkerhass es verschlingen will.
Ribon haolam – Herr der Welt!
An diesem Schabbat Sachor sammeln wir uns
mit ganz besonderer Andacht, um unser Gebet zu verrichten:
Du hast uns diese Stunden der Ruhe und Erholung gegeben,
damit wir uns stärken für die neue Woche.
Lass, allmächtiger Gott, Vertrauen einkehren in unseren Herzen,
damit wir hoffnungsvoll der Zukunft entgegensehen.
Wir wollen den Schabbat heiligen!
Öffne uns Deine milde Hand,
sättige uns, erfreue uns durch Deine Hilfe!
Stärke uns mit Deiner Gnade!
Aw harachmim! Tröste die Trauernden!

Sende allen, die betrübten Herzens sind, Deinen Beistand.
Dieser Schabbat sei uns allen und all unseren Lieben,
wo auch immer sie zur Stunde seien, eine Quelle der Erholung
und der Hoffnung, aus der wir und sie Kraft schöpfen mögen
für eine neue Woche.

וּבָא לְצִיּוֹן גּוֹאֵל
וּבְכֵן יְהִי רָצוֹן
וְנֹאמַר אָמֵן

Vorabend des Purim

אֵלִי אֵלִי לָמָה עֲזַבְתָּנִי:
בְּךָ בָּטְחוּ אֲבֹתֵינוּ
בָּטְחוּ וַתְּפַלְּטֵמוֹ:
אֵלֶיךָ זָעֲקוּ וְנִמְלָטוּ בְּךָ בָטְחוּ
וְלֹא בוֹשׁוּ:

Mein Gott, mein Gott, warum hast Du mich verlassen?
Unsere Väter hofften auf Dich;
und da sie hofften, halfst Du ihnen heraus.
Zu Dir schrien sie
und wurden errettet,
sie hofften auf Dich
und wurden nicht zuschanden.

Dieses Psalmenwort hat der Wilnaer Gaon als Tagespsalm
für Purim eingesetzt.
Wir erinnern uns heute mit großem Dankgefühl der Rettung,
die Du, Ewiger, damals in den Tagen von Achaschwerosch
und heute unsere Eltern hast erleben lassen. Wir feiern Purim
zu Deiner Ehre, denn wir wissen, dass in Deiner Hand das Los
eines jeden Menschen liegt.
Uns belebt die Erinnerung an die große Hilfe,
die Du unseren Vätern erwiesen hast, mit der frohen Zuversicht,
dass Du auch den Nachkommen nahe bleibst.
Der Du mit unseren Vätern warst,
Du wirst auch uns nicht verlassen!

וּבָא לְצִיּוֹן גּוֹאֵל
וּבְכֵן יְהִי רָצוֹן
וְנֹאמַר אָמֵן

Schabbat Hagadol

זָכוֹר אֶת יוֹם הַשַּׁבָּת לְקַדְּשׁוֹ.
שֵׁשֶׁת יָמִים תַּעֲבֹד וְעָשִׂיתָ כָּל מְלַאכְתֶּךָ.
וְיוֹם הַשְּׁבִיעִי שַׁבָּת לַיְיָ אֱלֹהֶיךָ,
לֹא תַעֲשֶׂה כָל מְלָאכָה

Gedenke des Schabbattages, um ihn heilig zu halten.
Sechs Tage lang sollst du arbeiten
und all deine Geschäfte verrichten.
Doch der siebte Tag ist ein Ruhetag für den Ewigen,
deinen Gott.
Du sollst an ihm keinerlei Arbeit tun.

An diesem Schabbat Hagadol sammeln wir uns mit ganz
besonderer Andacht, um Pessach vorzubereiten.
Nur wenige Tage und wir können aus Mizrajim
in die Freiheit ziehen.
Hilf uns, allen Chomez – allen gesäuerten Ballast –
aus unseren Häusern und unseren Herzen zu beseitigen.
Lass, allmächtiger Gott, Vertrauen einkehren in unseren Herzen,
damit wir hoffnungsvoll der Zukunft entgegensehen.
Wir wollen den Schabbat heiligen!
Öffne uns Deine milde Hand, sättige uns,
erfreue uns durch Deine Hilfe!
Stärke uns mit Deiner Gnade!
Aw harachmim! Tröste die Trauernden!
Sende allen, die betrübten Herzens sind, Deinen Beistand.
Dieser SCHABBAT HAGADOL möge uns daran erinnern,
dass wir das bevorstehende Pessach so vorbereiten,
wie unsere heilige Tradition es uns gebietet.

Lass uns die Pessachtage vorbereiten
zu einer Woche des Gedenkens an den Auszug aus Ägypten,
zu einer Woche des Ungesäuerten, der Mazzot,
zu einer Woche der Erwartung des Propheten Elias –
des »Elijahu Hanawi«.
Dieser Schabbat sei uns allen und all unseren Lieben,
wo auch immer sie zur Stunde seien, eine Quelle der Erholung
und der Hoffnung, aus der wir und sie Kraft schöpfen mögen
für diese neue Woche.

וּבָא לְצִיּוֹן גּוֹאֵל
וּבְכֵן יְהִי רָצוֹן
וְנֹאמַר אָמֵן

Vorabend des Pessach

וַיְדַבֵּר מֹשֶׁה אֶת־מֹעֲדֵי יְהוָה אֶל־בְּנֵי יִשְׂרָאֵל׃
וּבַחֲמִשָּׁה עָשָׂר יוֹם לַחֹדֶשׁ הַזֶּה
חָג שִׁבְעַת יָמִים מַצּוֹת יֵאָכֵל

Und Moses verkündete die Feste den Benej Israel!
Am Fünfzehnten dieses Monats ist der Festtag;
sieben Tage lang dürfen nur ungesäuerte Brote gegessen werden.

Ewiger, unser Gott,
Du hast das Pessach eingesetzt als Fest unserer Befreiung.
Wie Dein Frühlingshauch die Natur erwachen lässt,
so hast Du die Benej Israel aus schwerer Bedrückung
in die Freiheit geführt und auch uns immer wieder aus aller Not
in das Licht des neuen Tages gebracht.
Segne das beginnende Pessach,
lass Gerechtigkeit und Liebe,
Respekt und Frieden einziehen in Israel
und für die gesamte Menschheit.
Lass alle Menschen teilhaftig werden an Freiheit und Recht.

וּבָא לְצִיּוֹן גּוֹאֵל
וּבְכֵן יְהִי רָצוֹן
וְנֹאמַר אָמֵן

Tal Benschen

Gott, Lenker aller Zeiten! Der Winter ist vorüber.
Mit dem Eintritt des Frühlings regt sich frisches Leben
auf der Erde.
Auch unser Herz schlägt neu belebt.
Voll Vertrauen ist unsere Seele zu Dir. Aller Augen harren auf Dich,
der Du Speise gibst zur rechten Zeit,
dass Du uns einen milden Frühling sendest
und einen gedeihlichen Sommer.
Jetzt wird die Saat in die Erde gestreut: lass sie hervorsprießen
zur reichlichen Nahrung aller Deiner Geschöpfe.
Es sei die Erde der Boden, auf dem Freiheit und Gerechtigkeit,
Liebe und Friede walten, dass ein jeglicher seine Kräfte
entfalte zum eigenen Wohl aber auch zum Wohl der Gesamtheit.
So gib denn, Ewiger, dass die eintretende Sommerzeit
uns Nahrung und Kraft, Leben und Gesundheit, Wohlergehen
und Segen bringe.

וְנֹאמַר אָמֵן

Schlusstag des Pessach

וּבַיּוֹם הַשְּׁבִיעִי עֲצֶרֶת לַיהוָה אֱלֹהֶיךָ
לֹא תַעֲשֶׂה מְלָאכָה:

Am siebenten Tag ist ein Feiertag zu Ehren des Ewigen,
deines Gottes, da sollst du keinerlei Arbeit verrichten.

Ewiger, unser Gott! Das Pessachfest ruft uns wieder zusammen.
Die Erinnerung an die wunderbare Erlösung
aus der ägyptischen Knechtschaft hat unsere Vorfahren
auch in finstersten Tagen aufrechterhalten und hoffen lassen,
dass jene Zeiten, an denen alle Menschen Deinem Namen
die Ehre geben und das wahre Gottesreich begründen,
nicht mehr fern sind.
So lass, Ewiger, unser Gott, die Festtagsruhe
in unsere Gemeinde,
in unsere Familien
und in unsere Herzen einziehen.
Lass diese Stunde unseres gemeinsamen Gebetes eine Stunde
des Segens sein für alle, die sich hier versammelt haben,
aber auch für alle unsere Lieben,
wo immer sie gerade auch sein mögen.
Schenke uns allen von Deinem himmlischen Frieden.
Sende uns in naher Zukunft den Messias aus dem Hause Davids.
Offenbare Dich in all Deiner Größe und Macht allen Bewohnern
dieser Erde. Es sollen alle Menschen sagen:
»Der Ewige, der Gott Israels, ist Gebieter,
und sein Reich umfasst das gesamte Weltall.«

וְיֹאמַר כֹּל אֲשֶׁר נְשָׁמָה בְאַפּוֹ:
יְיָ אֱלֹהֵי יִשְׂרָאֵל מֶלֶךְ וּמַלְכוּתוֹ בַּכֹּל מָשָׁלָה, אָמֵן סֶלָה:

Vorabend
des Schawuot

וַתִּתֶּן לָנוּ יְיָ אֱלֹהֵינוּ
בְּאַהֲבָה (שַׁבָּתוֹת לִמְנוּחָה וּ) מוֹעֲדִים לְשִׂמְחָה,
חַגִּים וּזְמַנִּים לְשָׂשׂוֹן,
אֶת יוֹם (הַשַּׁבָּת הַזֶּה וְאֶת יוֹם) חַג הַשָּׁבֻעוֹת הַזֶּה
זְמַן מַתַּן תּוֹרָתֵנוּ (בְּאַהֲבָה) מִקְרָא קֹדֶשׁ,
זֵכֶר לִיצִיאַת מִצְרָיִם:

Du gabst uns, Ewiger, unser Gott,
in Liebe [Schabbattage zur Ruhe und]
Feiertage zur Freude, Feste und Zeiten zum Jubeln.
Heute ist dieser Tag [des Schabbat und dieser Tag]
des Festes der Wochen, die Zeit unserer Toragebung.
Das ist eine heilige Zusammenkunft [in Liebe],
eine Erinnerung an den Auszug aus Ägypten.

Ewiger, unser Gott, Du hast das Schawuot, unser Wochenfest,
eingesetzt als ein Fest der Toragebung.
Diese Deine Lehre ist Wahrheit, und alle Worte
Deiner Verheißungen sind Wahrheit.
Du hast Israel zu allen Zeiten Kraft und Ausdauer gewährt.
Lass, Ewiger, Deine Tora immer tiefer in uns sich befestigen,
zum Segen für Israel und die ganze Menschheit,
und dass alle Deinen Namen preisen.
Und so heißt es in der Tora:
»Nicht mit euren Vätern hat der Ewige diesen Bund geschlossen,
sondern mit uns, die wir heute alle hier leben.«

לֹא אֶת אֲבֹתֵינוּ כָּרַת יְהֹוָה אֶת הַבְּרִית הַזֹּאת
כִּי אִתָּנוּ אֲנַחְנוּ אֵלֶּה פֹּה הַיּוֹם כֻּלָּנוּ חַיִּים:

Gebet im Monat Tammus

Der Monat Tammus erinnert an zahlreiche äußerst traurige
Begebenheiten in der Geschichte Israels:
Jeremias berichtet, dass Nebukadnezar die Stadtmauer Jerusalems
am 9. Tammus des Jahres 586 zerstörte;
die Römer rissen die Stadtmauer im Jahr 70 ein,
um drei Wochen später, am 9. Av, den Tempel zu zerstören;
die ersten Tafeln wurden von Moses im Tammus zerbrochen, als er
die Benej Israel um das goldene Kalb tanzen sah;
Bar Kochbas Niederlage im Jahr 135 fand im Tammus statt;
die letzten Vorbereitungen zur Vertreibung der Juden aus Spanien
1492 werden ebenfalls mit dem Tammus in Verbindung gebracht.

Selbstredend, dass ein solcher Monat kein Freudenfest
beinhalten kann. Heute und hier gibt es auch nichts zu feiern,
sondern hier wird gegen Gewalt und für Respekt vor anderen
Menschen und für ein Miteinander mit anderen Kulturen,
wie es umgangssprachlich heißt, für Toleranz, eingetreten.

Ribon haolam – Herr der Welt, osse shalom bimromaw,
Quelle des Friedens, sei mit denjenigen, die die Geschicke der Welt
lenken, damit Stolz und Prahlerei ein Ende nehmen und
die Herrschaft der Arroganz aus unserer Zeit verschwindet.
Gib uns und allen, die Verantwortung tragen, den Mut,
die Wahrheit zu sagen und die Demut, anderen zuhören
zu können.
Hilf uns allen, dass das Wohl unserer Mitmenschen wichtiger ist
als unsere eigenen ehrgeizigen Ziele.
Hilf uns, dass uns mehr an Wahrheit liegt als an einer Lüge.

Hilf jedem und jeder von uns, den eigenen Beitrag
zur Verständigung und das eigene Opfer für den Frieden zu geben,
damit wir in Frieden mit uns selbst und in Frieden mit unseren Mitmenschen leben.
Dann können wir in Gelassenheit beginnen,
Dein Reich in dieser Welt zu bauen,
bis die Erde erfüllt ist von der Erkenntnis Gottes,
wie das Meer mit Wasser gefüllt ist.

וּבָא לְצִיּוֹן גּוֹאֵל
וּבְכֵן יְהִי רָצוֹן
וְנֹאמַר אָמֵן

Kabbalat Schabbat im Monat Elul

זָכוֹר אֶת יוֹם הַשַּׁבָּת לְקַדְּשׁוֹ.
שֵׁשֶׁת יָמִים תַּעֲבֹד וְעָשִׂיתָ כָּל מְלַאכְתֶּךָ.
וְיוֹם הַשְּׁבִיעִי שַׁבָּת לַייָ אֱלֹהֶיךָ,
לֹא תַעֲשֶׂה כָל מְלָאכָה,

Gedenke des Schabbattages, um ihn heilig zu halten.
Sechs Tage lang sollst du arbeiten
und all deine Geschäfte verrichten. Doch der siebte Tag
ist ein Ruhetag für den Ewigen, deinen Gott.
Du sollst an ihm keinerlei Arbeit tun.

Ribon haolam! Herr der Welt, wir erheben unsere Herzen zu Dir,
der Himmel und Erde gemacht hat.
Wir wenden uns ab von unserer alltäglichen Arbeit,
von unseren Nöten und Plagen,
von Lärm und Streit,
von Hetze und Ermüdung
und versenken unsere Seele in die heilige Ruhe Deiner Gegenwart.

Aw Harachamim, Vater des Friedens, Du, segne diesen Schabbat:
Gib uns Mut, wenn uns die Macht der Angst bedrückt,
gib uns Trost, wenn uns Leid trifft,
gib uns Stärke, wenn wir schwach werden,
und hilf uns, Dir treu zu sein.
Allmächtiger, Ewiger Gott, nimm diese Worte
unseres gemeinsamen Gebetes und all unsere stillen Gedanken
gnädig an Dein gütiges Vaterherz. Du, unser Schöpfer und Retter,
und öffne im Monat Elul mit den Schofarklängen unser Herz,
wie Moses zu den Benej Israel sagte:

»Dass du zurückkehrst zu dem Ewigen, deinem Gott,
und seiner Stimme gehorchst,
ganz so, wie ich es dir heute gebiete.
Du und deine Kinder mit deinem ganzen Herzen
und mit deiner ganzen Seele.«

וְשַׁבְתָּ עַד יְהֹוָה אֱלֹהֶיךָ
וְשָׁמַעְתָּ בְקֹלוֹ כְּכֹל אֲשֶׁר אָנֹכִי מְצַוְּךָ הַיּוֹם
אַתָּה וּבָנֶיךָ בְּכָל לְבָבְךָ וּבְכָל נַפְשֶׁךָ:
וּבָא לְצִיּוֹן גּוֹאֵל
וּבְכֵן יְהִי רָצוֹן
וְנֹאמַר אָמֵן

Segenswort zur Begrüßung oder Verabschiedung einer einzelnen Person

בְּשֵׁם יְיָ אֱלֹהֵי יִשְׂרָאֵל,
מִימִינִי מִיכָאֵל,

Zu deiner Rechten MICHAEL,
um dich in die Arme zu schließen
und dich zu beschützen
gegen Gefahren von rechts.

וּמִשְּׂמֹאלִי גַּבְרִיאֵל,

Zu deiner Linken GABRIEL,
um dich in die Arme zu schließen
und dich zu beschützen
gegen Gefahren von links.

וּמִלְּפָנַי אוּרִיאֵל,

Vor dir URIEL,
um dich aufzufangen,
wenn du fällst,
und um dich zu verteidigen,
wenn andere über dich herfallen.

וּמֵאֲחוֹרַי רְפָאֵל,

Hinter dir RAFAEL,
um dich zu bewahren
vor der Heimtücke böser Menschen
und um dich zu trösten,
wenn du traurig bist.

וְעַל רֹאשִׁי שְׁכִינַת אֵל.

Der Ewige sei über dir,
um dich zu segnen.
So segne dich der Ewige, unser Gott.
AMEN

Segen für ein neues Gemeindemitglied

בְּשֵׁם יְיָ אֱלֹהֵי יִשְׂרָאֵל,
מִימִינִי מִיכָאֵל,
וּמִשְּׂמֹאלִי גַּבְרִיאֵל,
וּמִלְּפָנַי אוּרִיאֵל, וּמֵאֲחוֹרַי רְפָאֵל,
וְעַל רֹאשִׁי שְׁכִינַת אֵל.

Im Namen des Ewigen, des Gottes Israels:
zu meiner Rechten Michael,
zu meiner Linken Gabriel,
vor mir Uriel,
hinter mir Rafael
und über mir die Herrlichkeit Gottes.

וַיֹּאמֶר
אִם־שָׁמוֹעַ תִּשְׁמַע לְקוֹל יְהוָה אֱלֹהֶיךָ
וְהַיָּשָׁר בְּעֵינָיו תַּעֲשֶׂה
וְהַאֲזַנְתָּ לְמִצְוֺתָיו וְשָׁמַרְתָּ כָּל־חֻקָּיו
כָּל־הַמַּחֲלָה אֲשֶׁר־שַׂמְתִּי בְמִצְרַיִם
לֹא־אָשִׂים עָלֶיךָ
כִּי אֲנִי יְהוָה רֹפְאֶךָ׃

Er sprach:
»Wenn du nur fleißig hörst auf die Stimme des Ewigen,
deines Gottes,
und das, was Recht ist in seinen Augen tust,
auf seine Gebote acht gibst und alle seine Satzungen hältst,
will ich dir keine der Krankheiten auferlegen,
die ich Ägypten auferlegt habe,
denn ich bin der Ewige, dein Arzt!«[5]

5 2 Moses 15,26

הַמַּלְאָךְ הַגֹּאֵל אֹתִי מִכָּל־רָע
יְבָרֵךְ אֶת־הַנְּעָרִים
וְיִקָּרֵא בָהֶם שְׁמִי וְשֵׁם אֲבֹתַי אַבְרָהָם וְיִצְחָק
וְיִדְגּוּ לָרֹב בְּקֶרֶב הָאָרֶץ׃

Der Engel, der mich von allem Übel erlöst hat,
er segne diese Knaben. Mein Name und
der meiner Väter Abraham und Isaak soll in ihnen weiterleben.
Sie sollen sich vermehren zu großer Menge
inmitten des Landes![6]

אֱלֹהֵינוּ וֵאלֹהֵי אֲבוֹתֵינוּ, בָּרְכֵנוּ בַּבְּרָכָה
הַמְשֻׁלֶּשֶׁת בַּתּוֹרָה
הַכְּתוּבָה עַל יְדֵי מֹשֶׁה עַבְדֶּךָ,
הָאֲמוּרָה מִפִּי אַהֲרֹן וּבָנָיו כֹּהֲנִים עַם קְדוֹשֶׁךָ,
כָּאָמוּר.

Unser Gott und Gott unserer Väter,
segne uns mit Deinem dreifachen Segen,
[...] Dein heiliges Volk:

יְבָרֶכְךָ יְיָ וְיִשְׁמְרֶךָ.
יָאֵר יְיָ פָּנָיו אֵלֶיךָ וִיחֻנֶּךָּ.
יִשָּׂא יְיָ פָּנָיו אֵלֶיךָ וְיָשֵׂם לְךָ שָׁלוֹם.
אָמֵן׃

Es segne dich der Ewige und behüte dich!
Es lasse der Ewige sein Antlitz leuchten über dir
und sei dir gnädig!
Es wende der Ewige sein Antlitz dir zu
und gebe dir von seinem Frieden! AMEN

6 1 Moses 48,16

Mi Scheberach am Schabbat (am Wallfahrtsfest) für einen Mann

Der unsere Vorfahren Abraham, Isaak, Jakob, Sara, Riwka,
Rachel und Lea gesegnet hat, er segne
____________ ben ____________,
weil er zur Ehre des Allgegenwärtigen, zur Ehre der Tora
und zur Ehre des Schabbattages (und des Wallfahrtsfestes) hierher
heraufgestiegen ist. Deshalb möge der Heilige, gelobt sei er,
ihn (und seine Familie) beschützen und erretten von allem Bösen,
aller Not, allen Verletzungen und Krankheiten,
und er segne und mache erfolgreich das Werk seiner Hände
zusammen mit ganz Jisrael, seinen Geschwistern,
und also lasst uns AMEN sagen!

Mi Scheberach am Schabbat (am Wallfahrtsfest) für eine Frau

Der unsere Vorfahren Abraham, Isaak, Jakob, Sara, Riwka,
Rachel und Lea gesegnet hat, er segne
____________ bat ____________,
weil sie zur Ehre des Allgegenwärtigen, zur Ehre der Tora
und zur Ehre des Schabbattages (und des Wallfahrtsfestes) hierher
heraufgestiegen ist. Deshalb möge der Heilige, gelobt sei er,
sie (und ihre Familie) vor allem Bösen, aller Not,
allen Verletzungen und Krankheiten beschützen,
und er segne und mache erfolgreich das Werk ihrer Hände
zusammen mit ganz Jisrael, ihren Geschwistern,
und also lasst uns AMEN sagen!

Mi Scheberach am Schabbat (am Wallfahrtsfest) für einen Mann

מִי שֶׁבֵּרַךְ אֲבוֹתֵינוּ אַבְרָהָם יִצְחָק וְיַעֲקֹב,
וְאִמּוֹתֵינוּ שָׂרָה רִבְקָה רָחֵל וְלֵאָה
הוּא יְבָרֵךְ אֶת ______ בֶּן ______
בַּעֲבוּר שֶׁעָלָה לִכְבוֹד הַמָּקוֹם,
לִכְבוֹד הַתּוֹרָה, וְלִכְבוֹד הַשַּׁבָּת, (וְלִכְבוֹד הָרֶגֶל)
בִּשְׂכַר זֶה, הַקָּדוֹשׁ בָּרוּךְ הוּא,
יִשְׁמְרֵהוּ וְיַצִּילֵהוּ (וְאֵת כָּל מִשְׁפַּחְתּוֹ) מִכָּל צָרָה וְצוּקָה
וּמִכָּל נֶגַע וּמַחֲלָה.
וְיִשְׁלַח בְּרָכָה וְהַצְלָחָה בְּכָל מַעֲשֵׂה יָדָיו
עִם כָּל יִשְׂרָאֵל אֶחָיו,
וְנֹאמַר אָמֵן:

Mi Scheberach am Schabbat (am Wallfahrtsfest) für eine Frau

מִי שֶׁבֵּרַךְ אֲבוֹתֵינוּ אַבְרָהָם יִצְחָק וְיַעֲקֹב,
וְאִמּוֹתֵינוּ שָׂרָה רִבְקָה רָחֵל וְלֵאָה,
הוּא יְבָרֵךְ אֶת ______ בַּת ______
בַּעֲבוּר שֶׁעָלְתָה לִכְבוֹד הַמָּקוֹם,
לִכְבוֹד הַתּוֹרָה, וְלִכְבוֹד הַשַּׁבָּת, (וְלִכְבוֹד הָרֶגֶל)
בִּשְׂכַר זֶה, הַקָּדוֹשׁ בָּרוּךְ הוּא,
יִשְׁמוֹר אוֹתָהּ (וְאֵת כָּל מִשְׁפַּחְתָּהּ)
מִכָּל צָרָה וְצוּקָה וּמִכָּל נֶגַע וּמַחֲלָה.
וְיִשְׁלַח בְּרָכָה וְהַצְלָחָה בְּכָל מַעֲשֵׂה יָדֶיהָ
עִם כָּל יִשְׂרָאֵל אַחֶיהָ,
וְנֹאמַר אָמֵן:

Mi Scheberach am Schabbat (am Wallfahrtsfest) für Mehrere

Der unsere Vorfahren Abraham, Isaak, Jakob, Sara, Riwka,
Rachel und Lea gesegnet hat, er segne
_______________ ben _______________
und _______________,
weil sie zur Ehre des Allgegenwärtigen, zur Ehre der Tora
und zur Ehre des Schabbattages (und des Wallfahrtsfestes) hierher
heraufgestiegen sind. Deshalb möge der Heilige, gelobt sei er,
sie beschützen und erretten von allem Bösen, aller Not,
allen Verletzungen und Krankheiten,
und weil diese ganze Gemeinde anlässlich
ihres Geburtstags für sie betet.

Mi Scheberach am Schabbat (am Wallfahrtsfest) für Mehrere

מִי שֶׁבֵּרַךְ אֲבוֹתֵינוּ אַבְרָהָם יִצְחָק וְיַעֲקֹב,
וְאִמּוֹתֵינוּ שָׂרָה רִבְקָה רָחֵל וְלֵאָה
הוּא יְבָרֵךְ אֶת ________ בֶּן ________
וְאֶת ________
בַּעֲבוּר שֶׁעָלוּ לִכְבוֹד הַמָּקוֹם,
לִכְבוֹד הַתּוֹרָה, וְלִכְבוֹד הַשַּׁבָּת, (וְלִכְבוֹד הָרֶגֶל)
בִּשְׂכַר זֶה, הַקָּדוֹשׁ בָּרוּךְ הוּא,
יִשְׁמְרֵם וְיַצִּילֵם מִכָּל צָרָה וְצוּקָה וּמִכָּל נֶגַע וּמַחֲלָה.
וְיִשְׁלַח בְּרָכָה וְהַצְלָחָה בְּכָל מַעֲשֵׂה יְדֵיהֶם
עִם כָּל יִשְׂרָאֵל אֲחֵיהֶם,
וְנֹאמַר אָמֵן:

Mi Scheberach zur Genesung eines Mannes

Der unsere Vorfahren Abraham, Isaak, Jakob, Sara, Riwka,
Rachel und Lea gesegnet hat, er segne und heile
den Kranken ________________ ben ________________.
Deshalb möge sich der Heilige, gelobt sei er,
über ihn erbarmen und ihm Mut geben und ihn heilen,
erstarken und beleben und ihm alsbald vollständige Genesung
vom Himmel senden,
Genesung der Seele und Genesung des Körpers.

- (am Schabbat klagt man nicht)
- (am Feiertag klagt man nicht)

Die Genesung komme bald,
jetzt in diesem Jahr,
und also lasst uns AMEN sagen!

Mi Scheberach zur Genesung einer Frau

Der unsere Vorfahren Abraham, Isaak, Jakob, Sara, Riwka,
Rachel und Lea gesegnet hat, er segne und heile
die Kranke ________________.
Deshalb möge sich der Heilige, gelobt sei er,
über sie erbarmen
und ihr Mut geben und sie heilen, erstarken und beleben
und ihr alsbald vollständige Genesung vom Himmel senden,
Genesung der Seele und Genesung des Körpers.

- (am Schabbat klagt man nicht)
- (am Feiertag klagt man nicht)

Die Genesung komme bald,
jetzt in diesem Jahr,
und also lasst uns AMEN sagen!

Mi Scheberach zur Genesung eines Mannes

מִי שֶׁבֵּרַךְ אֲבוֹתֵינוּ אַבְרָהָם יִצְחָק וְיַעֲקֹב,
וְאִמּוֹתֵינוּ שָׂרָה רִבְקָה רָחֵל וְלֵאָה
הוּא יְבָרֵךְ וִירַפֵּא
אֶת הַחוֹלֶה: ______ בֶּן ______ .
בִּשְׂכַר זֶה, הַקָּדוֹשׁ בָּרוּךְ הוּא יִמָּלֵא רַחֲמִים עָלָיו,
לְהַחֲלִימוֹ וּלְרַפֹּאתוֹ וּלְהַחֲזִיקָתוֹ וּלְהַחֲיוֹתוֹ,
וְיִשְׁלַח לוֹ מְהֵרָה רְפוּאָה שְׁלֵמָה מִן הַשָּׁמַיִם,
רְפוּאַת הַנֶּפֶשׁ, וּרְפוּאַת הַגּוּף,
[שַׁבָּת הִיא מִלִּזְעֹק]
[יוֹם טוֹב הִיא מִלִּזְעֹק]
וּרְפוּאָה קְרוֹבָה לָבֹא,
הַשְׁתָּא בַּעֲגָלָא וּבִזְמַן קָרִיב.
וְנֹאמַר אָמֵן:

Mi Scheberach zur Genesung einer Frau

מִי שֶׁבֵּרַךְ אֲבוֹתֵינוּ אַבְרָהָם יִצְחָק וְיַעֲקֹב,
וְאִמּוֹתֵינוּ שָׂרָה רִבְקָה רָחֵל וְלֵאָה
הוּא יְבָרֵךְ וִירַפֵּא
אֶת הַחוֹלָה: ______ בַּת ______.
בִּשְׂכַר זֶה, הַקָּדוֹשׁ בָּרוּךְ הוּא
יִמָּלֵא רַחֲמִים עָלֶיהָ,
לְהַחֲלִימָהּ וּלְרַפֹּאתָהּ וּלְהַחֲזִיקָתָהּ וּלְהַחֲיוֹתָהּ,
וְיִשְׁלַח לָהּ מְהֵרָה רְפוּאָה שְׁלֵמָה מִן הַשָּׁמַיִם,
רְפוּאַת הַנֶּפֶשׁ, וּרְפוּאַת הַגּוּף,
[שַׁבָּת הִיא מִלִּזְעֹק]
[יוֹם טוֹב הִיא מִלִּזְעֹק]
וּרְפוּאָה קְרוֹבָה לָבֹא,
הַשְׁתָּא בַּעֲגָלָא וּבִזְמַן קָרִיב.
וְנֹאמַר אָמֵן:

Mi Scheberach zur Genesung Mehrerer

Der unsere Vorfahren Abraham, Isaak, Jakob, Sara, Riwka,
Rachel und Lea gesegnet hat,
er segne und heile
die Kranken ____________________ ben ____________________.
Deshalb möge sich der Heilige, gelobt sei er,
über sie erbarmen und ihnen Mut geben
und sie heilen, erstarken und beleben
und ihnen alsbald vollständige Genesung vom Himmel senden,
Genesung der Seele und Genesung des Körpers.

- ■ (am Schabbat klagt man nicht)
- ■ (am Feiertag klagt man nicht)

Die Genesung komme bald,
jetzt in diesem Jahr, und also lasst uns AMEN sagen!

Mi Scheberach zur Genesung Mehrerer

מִי שֶׁבֵּרַךְ אֲבוֹתֵינוּ אַבְרָהָם יִצְחָק וְיַעֲקֹב,
וְאִמּוֹתֵינוּ שָׂרָה רִבְקָה רָחֵל וְלֵאָה
הוּא יְבָרֵךְ וִירַפֵּא
אֶת הַחוֹלִים: ______________ בֶּן/בַּת ______________.
בִּשְׂכַר זֶה, הַקָּדוֹשׁ בָּרוּךְ הוּא יִמָּלֵא רַחֲמִים עֲלֵיהֶם,
לְהַחֲלִימַם וּלְרַפֹּאתַם וּלְהַחֲזִיקָתַם וּלְהַחֲיוֹתַם,
וְיִשְׁלַח לָהֶם מְהֵרָה רְפוּאָה שְׁלֵמָה מִן הַשָּׁמַיִם,
רְפוּאַת הַנֶּפֶשׁ, וּרְפוּאַת הַגּוּף,
[שַׁבָּת הִיא מִלִּזְעֹק
[יוֹם טוֹב הִיא מִלִּזְעֹק
וּרְפוּאָה קְרוֹבָה לָבֹא,
הַשְׁתָּא בַּעֲגָלָא וּבִזְמַן קָרִיב.
וְנֹאמַר אָמֵן:

Mi Scheberach zur Barmizwa

Der unsere Vorfahren Abraham, Isaak, Jakob, Sara, Riwka,
Rachel und Lea gesegnet hat,
er segne ____________________ ben ____________________,
weil er heute Barmizwa wurde.
Weil er zur Ehre des Allgegenwärtigen, zur Ehre der Tora und
zur Ehre des Schabbattages hierher heraufgestiegen ist.
Er möge ihn vor allen Sorgen und allem Schmerz,
vor Plagen und allen Krankheiten immer beschützen.
Er schenke ihm langes Leben,
ein Leben mit einer frohen Seele,
ein Leben mit einem gesunden Körper!
Und gebe ihm seinen Segen und Glück bei all seinen Taten,
seinen Eltern / seinem Papa / seiner Mama,
ihm die Tora zu vermitteln,
ihn zur Chuppa und zu guten Taten zu begleiten.
Darauf sagen wir alle: So sei es! AMEN

Mi Scheberach zur Barmizwa

מִי שֶׁבֵּרַךְ אֲבוֹתֵינוּ אַבְרָהָם יִצְחָק וְיַעֲקֹב,
וְאִמּוֹתֵינוּ שָׂרָה רִבְקָה רָחֵל וְלֵאָה,
הוּא יְבָרֵךְ אֶת ____________ בֵּן ____________
שֶׁהִגִּיעַ לְמִצְווֹת,
בַּעֲבוּר שֶׁעָלָה לִכְבוֹד הַמָּקוֹם,
לִכְבוֹד הַתּוֹרָה, וְלִכְבוֹד הַשַּׁבָּת,
בִּשְׂכַר זֶה, הַקָּדוֹשׁ בָּרוּךְ הוּא יִשְׁמוֹר אוֹתוֹ,
מִכָּל צָרָה וְצוּקָה וּמִכָּל נֶגַע וּמַחֲלָה
וְיוֹסִיף לוֹ עוֹד הַרְבֵּה שְׁנוֹת־חַיִּים,
חַיִּים שֶׁל בְּרִיאוּת־הַנֶּפֶשׁ,
וְחַיִּים שֶׁל בְּרִיאוּת־הַגּוּף,
וְיִשְׁלַח בְּרָכָה וְהַצְלָחָה בְּכָל מַעֲשֵׂה יָדָיו
יִזְכּוּ הוֹרָיו (אִמָּא/אַבָּא שֶׁלּוֹ) לְגַדְּלוֹ
לְתוֹרָה וּלְחֻפָּה וּלְמַעֲשִׂים טוֹבִים,
וְנֹאמַר אָמֵן:

Mi Scheberach zur Batmizwa

Der unsere Vorfahren Abraham, Isaak, Jakob, Sara, Riwka,
Rachel und Lea gesegnet hat,
er segne ____________________ bat ____________________,
weil sie heute Batmizwa wurde.
Weil sie zur Ehre des Allgegenwärtigen, zur Ehre der Tora und
zur Ehre des Schabbattages hierher heraufgestiegen ist.
Deshalb möge der Heilige, gelobt sei er, sie beschützen
und erretten von allem Bösen, aller Not, allen Verletzungen und
Krankheiten. Er schenke ihr langes Leben, ein Leben mit einer
frohen Seele, ein Leben mit einem gesunden Körper!
Und gebe ihr seinen Segen und Glück bei all ihren Taten,
ihrem Papa / und ihrer Mama / und der ganzen Familie Kraft,
ihr die Tora zu vermitteln, sie zur Chuppa
und zu guten Taten zu begleiten.
Darauf sagen wir alle: So sei es! AMEN

Mi Scheberach zur Batmizwa

מִי שֶׁבֵּרַךְ אֲבוֹתֵינוּ אַבְרָהָם יִצְחָק וְיַעֲקֹב,
וְאִמּוֹתֵינוּ שָׂרָה רִבְקָה רָחֵל וְלֵאָה,
הוּא יְבָרֵךְ אֶת __________ בַּת __________
שֶׁהִגִּיעָה לְמִצְווֹת,
בַּעֲבוּר שֶׁעָלְתָה לִכְבוֹד הַמָּקוֹם,
לִכְבוֹד הַתּוֹרָה, וְלִכְבוֹד הַשַּׁבָּת,
בִּשְׂכַר זֶה, הַקָּדוֹשׁ בָּרוּךְ הוּא יִשְׁמוֹר אוֹתָהּ,
מִכָּל צָרָה וְצוּקָה וּמִכָּל נֶגַע וּמַחֲלָה
וְיוֹסִיף לָהּ עוֹד הַרְבֵּה שְׁנוֹת־חַיִּים,
חַיִּים שֶׁל בְּרִיאוּת־הַנֶּפֶשׁ,
וְחַיִּים שֶׁל בְּרִיאוּת־הַגּוּף,
וְיִשְׁלַח בְּרָכָה וְהַצְלָחָה בְּכָל מַעֲשֵׂה יָדֶיהָ
יִזְכּוּ הוֹרֶיהָ (אִמָּא/אַבָּא שֶׁלָּה) לְגַדְּלָהּ
לְתוֹרָה וּלְחֻפָּה וּלְמַעֲשִׂים טוֹבִים,
וְנֹאמַר אָמֵן:

Mi Scheberach für einen männlichen Reisenden

Der unsere Vorfahren Abraham, Isaak, Jakob, Sara, Riwka,
Rachel und Lea gesegnet hat,
er segne ____________________ ben ____________________,
weil er zur Ehre des Allgegenwärtigen, zur Ehre der Tora und
zur Ehre des Schabbattages hierher heraufgestiegen ist.
Deshalb möge der Heilige, gelobt sei er, ihn vor allem Bösen,
aller Not, allen Verletzungen und Krankheiten bewahren
und ihn auf seinem Weg beschützen.
Und er segne und mache erfolgreich das Werk seiner Hände,
und also lasst uns AMEN sagen!

Mi Scheberach für eine weibliche Reisende

Der unsere Vorfahren Abraham, Isaak, Jakob, Sara, Riwka,
Rachel und Lea gesegnet hat,
er segne ____________________ bat ____________________,
weil sie zur Ehre des Allgegenwärtigen, zur Ehre der Tora
und zur Ehre des Schabbattages hierher heraufgestiegen ist.
Deshalb möge der Heilige, gelobt sei er, sie vor allem Bösen,
aller Not, allen Verletzungen und Krankheiten bewahren
und sie auf ihrem Weg beschützen.
Und er segne und mache erfolgreich das Werk ihrer Hände,
und also lasst uns AMEN sagen!

Mi Scheberach für einen männlichen Reisenden

מִי שֶׁבֵּרַךְ אֲבוֹתֵינוּ אַבְרָהָם יִצְחָק וְיַעֲקֹב,
וְאִמּוֹתֵינוּ שָׂרָה רִבְקָה רָחֵל וְלֵאָה,
הוּא יְבָרֵךְ אֶת __________ בֵּן __________
בַּעֲבוּר שֶׁעָלָה לִכְבוֹד הַמָּקוֹם,
לִכְבוֹד הַתּוֹרָה, וְלִכְבוֹד הַשַּׁבָּת,
בִּשְׂכַר זֶה, הַקָּדוֹשׁ בָּרוּךְ הוּא יִשְׁמוֹר אוֹתוֹ,
מִכָּל צָרָה וְצוּקָה וּמִכָּל נֶגַע וּמַחֲלָה
וְיַצְלִיחֵהוּ בִּדְרָכוֹ,
וְיִשְׁלַח בְּרָכָה וְהַצְלָחָה בְּכָל מַעֲשֵׂה יָדָיו
עִם כָּל יִשְׂרָאֵל אֶחָיו, וְנֹאמַר אָמֵן:

Mi Scheberach für eine weibliche Reisende

מִי שֶׁבֵּרַךְ אֲבוֹתֵינוּ אַבְרָהָם יִצְחָק וְיַעֲקֹב,
וְאִמּוֹתֵינוּ שָׂרָה רִבְקָה רָחֵל וְלֵאָה,
הוּא יְבָרֵךְ אֶת __________ בַּת __________
בַּעֲבוּר שֶׁעָלְתָה לִכְבוֹד הַמָּקוֹם,
לִכְבוֹד הַתּוֹרָה, וְלִכְבוֹד הַשַּׁבָּת,
בִּשְׂכַר זֶה, הַקָּדוֹשׁ בָּרוּךְ הוּא יִשְׁמוֹר אוֹתָהּ,
מִכָּל צָרָה וְצוּקָה וּמִכָּל נֶגַע וּמַחֲלָה
וְיַצְלִיחֶהָ בִּדְרָכָהּ,
וְיִשְׁלַח בְּרָכָה וְהַצְלָחָה בְּכָל מַעֲשֵׂה יָדֶיהָ
וְנֹאמַר אָמֵן:

Mi Scheberach am Rosch Haschana am Jom Kippur für einen Mann

Der unsere Vorfahren Abraham, Isaak, Jakob, Sara, Riwka,
Rachel und Lea gesegnet hat, er segne
____________________ ben ____________________,
weil er zur Ehre des Allgegenwärtigen, zur Ehre der Tora
und zur Ehre des Schabbattages und dieses Gerichtstages hierher
heraufgestiegen ist. Deshalb möge der Heilige, gelobt sei er,
ihn beschützen und erretten von allem Bösen, aller Not,
allen Verletzungen und Krankheiten, und er segne
und mache erfolgreich das Werk seiner Hände.
Er möge ihn einschreiben und besiegeln für ein gutes Leben
an diesem Gerichtstag, zusammen mit ganz Jisrael,
seinen Geschwistern, und also lasst uns AMEN sagen!

Mi Scheberach
am Rosch Haschana
am Jom Kippur
für einen Mann

מִי שֶׁבֵּרַךְ אֲבוֹתֵינוּ אַבְרָהָם יִצְחָק וְיַעֲקֹב
וְאִמּוֹתֵינוּ שָׂרָה רִבְקָה רָחֵל וְלֵאָה,
הוּא יְבָרֵךְ אֶת ______ בֶּן ______
בַּעֲבוּר שֶׁעָלָה לִכְבוֹד הַמָּקוֹם,
לִכְבוֹד הַתּוֹרָה, (וְלִכְבוֹד הַשַּׁבָּת,)
וְלִכְבוֹד יוֹם הַדִּין
בִּשְׂכַר זֶה, הַקָּדוֹשׁ בָּרוּךְ הוּא,
יִשְׁמְרֵהוּ וְיַצִּילֵהוּ מִכָּל צָרָה וְצוּקָה וּמִכָּל נֶגַע וּמַחֲלָה.
וְיִשְׁלַח בְּרָכָה וְהַצְלָחָה בְּכָל מַעֲשֵׂה יָדָיו
וְיִכְתְּבֵהוּ וְיַחְתְּמֵהוּ לְחַיִּים טוֹבִים בְּזֶה יוֹם הַדִּין
עִם כָּל יִשְׂרָאֵל אֶחָיו,
וְנֹאמַר אָמֵן:

Mi Scheberach am Rosch Haschana am Jom Kippur für eine Frau

Der unsere Vorfahren Abraham, Isaak, Jakob, Sara, Riwka,
Rachel und Lea gesegnet hat, er segne
__________________ bat __________________,
weil sie zur Ehre des Allgegenwärtigen, zur Ehre der Tora
und zur Ehre des Schabbattages und dieses Gerichtstages hierher
heraufgestiegen ist.
Deshalb möge der Heilige, gelobt sei er,
sie beschützen vor allem Bösen, aller Not, allen Verletzungen
und Krankheiten, und er segne und mache erfolgreich das Werk
ihrer Hände. Er möge sie einschreiben
und besiegeln für ein gutes Leben an diesem Gerichtstag,
zusammen mit ganz Jisrael, ihren Geschwistern,
und also lasst uns AMEN sagen!

Mi Scheberach
am Rosch Haschana
am Jom Kippur
für eine Frau

מִי שֶׁבֵּרַךְ אֲבוֹתֵינוּ אַבְרָהָם יִצְחָק וְיַעֲקֹב
וְאִמּוֹתֵינוּ שָׂרָה רִבְקָה רָחֵל וְלֵאָה,
הוּא יְבָרֵךְ אֶת __________ בַּת __________
בַּעֲבוּר שֶׁעָלְתָה לִכְבוֹד הַמָּקוֹם,
לִכְבוֹד הַתּוֹרָה, (וְלִכְבוֹד הַשַּׁבָּת,)
וְלִכְבוֹד יוֹם הַדִּין
בִּשְׂכַר זֶה, הַקָּדוֹשׁ בָּרוּךְ הוּא,
יִשְׁמוֹר אוֹתָהּ מִכָּל צָרָה וְצוּקָה וּמִכָּל נֶגַע וּמַחֲלָה. וְיִשְׁלַח
בְּרָכָה וְהַצְלָחָה בְּכָל מַעֲשֵׂה יָדֶיהָ
וְיִכְתְּבֵהָ וְיַחְתְּמֵהָ לְחַיִּים טוֹבִים בְּזֶה יוֹם הַדִּין
עִם כָּל יִשְׂרָאֵל אַחֶיהָ,
וְנֹאמַר אָמֵן:

Mi Scheberach zum Geburtstag eines Mannes

Der unsere Vorfahren Abraham, Isaak, Jakob, Sara, Riwka,
Rachel und Lea gesegnet hat, er segne
__________ ben __________,
weil er zur Ehre des Allgegenwärtigen,
zur Ehre der Tora und zur Ehre des Schabbattages
hierher heraufgestiegen ist,
und weil diese ganze Gemeinde
anlässlich seines Geburtstags für ihn betet.
Deshalb möge der Heilige, gelobt sei er,
ihn vor allem Bösen, aller Not,
allen Verletzungen und Krankheiten beschützen,
ihn mit vielen Lebensjahren,
mit gesunder Seele und
in einem gesunden Körper segnen.
Er segne und mache erfolgreich das Werk seiner Hände,
zusammen mit ganz Jisrael, seinen Geschwistern,
und also lasst uns AMEN sagen!

Mi Scheberach zum Geburtstag eines Mannes

מִי שֶׁבֵּרַךְ אֲבוֹתֵינוּ אַבְרָהָם יִצְחָק וְיַעֲקֹב,
וְאִמּוֹתֵינוּ שָׂרָה רִבְקָה רָחֵל וְלֵאָה
הוּא יְבָרֵךְ אֶת ___________ בֶּן ___________
בַּעֲבוּר שֶׁעָלָה לִכְבוֹד הַמָּקוֹם,
לִכְבוֹד הַתּוֹרָה וְלִכְבוֹד הַשַּׁבָּת
וּבַעֲבוּר שְׁכָּל הַקָּהָל הַקָּדוֹשׁ הַזֶּה
מִתְפַּלֵל לִכְבוֹד יוֹם הַהֻלֶּדֶת שְׁלוֹ:
בִּשְׂכַר זֶה, הַקָּדוֹשׁ בָּרוּךְ הוּא,
יִשְׁמְרֵהוּ וְיַצִּלֵהוּ מִכָּל צָרָה וְצוּקָה
וּמִכָּל נֶגַע וּמַחֲלָה
וְיוֹסִיף לוֹ עוֹד הַרְבֵּה שְׁנוֹת־חַיִים,
חַיִים שֶׁל בְּרִיאוּת־הַנֶּפֶשׁ,
חַיִים שֶׁל בְּרִיאוּת־הַגּוּף,
וְיִשְׁלַח בְּרָכָה וְהַצְלָחָה בְּכָל מַעֲשֵׂה יָדָיו
עִם כָּל יִשְׂרָאֵל אֶחָיו,
וְנֹאמַר אָמֵן:

Mi Scheberach zum Geburtstag einer Frau

Der unsere Vorfahren Abraham, Isaak, Jakob, Sara, Riwka,
Rachel und Lea gesegnet hat, er segne
__________________ bat __________________,
weil sie zur Ehre des Allgegenwärtigen,
zur Ehre der Tora und zur Ehre des Schabbattages
hierher heraufgestiegen ist,
und weil diese ganze Gemeinde
anlässlich ihres Geburtstags für sie betet.
Deshalb möge der Heilige, gelobt sei er,
sie (und ihre Familie) vor allem Bösen, aller Not,
allen Verletzungen und Krankheiten beschützen,
sie mit vielen Lebensjahren,
mit gesunder Seele und in einem gesunden Körper segnen.
Er segne und mache erfolgreich das Werk ihrer Hände,
zusammen mit ganz Jisrael, ihren Geschwistern,
und also lasst uns AMEN sagen!

Mi Scheberach zum Geburtstag einer Frau

מִי שֶׁבֵּרַךְ אֲבוֹתֵינוּ אַבְרָהָם יִצְחָק וְיַעֲקֹב,
וְאִמּוֹתֵינוּ שָׂרָה רִבְקָה רָחֵל וְלֵאָה
הוּא יְבָרֵךְ אֶת ______ בַּת ______
בַּעֲבוּר שֶׁעָלְתָה לִכְבוֹד הַמָּקוֹם,
לִכְבוֹד הַתּוֹרָה, וְלִכְבוֹד הַשַּׁבָּת,
וּבַעֲבוּר שֶׁכָּל הַקָּהָל הַקָּדוֹשׁ הַזֶּה
מִתְפַּלֵּל לִכְבוֹד יוֹם הַהֻלֶּדֶת שֶׁלָּהּ:
בִּשְׂכַר זֶה, הַקָּדוֹשׁ בָּרוּךְ הוּא יִשְׁמוֹר אוֹתָהּ
(וְאֶת כָּל מִשְׁפַּחְתָּהּ)
מִכָּל צָרָה וְצוּקָה וּמִכָּל נֶגַע וּמַחֲלָה
וְיוֹסִיף לָהּ עוֹד הַרְבֵּה שְׁנוֹת־חַיִּים,
חַיִּים שֶׁל בְּרִיאוּת־הַנֶּפֶשׁ,
חַיִּים שֶׁל בְּרִיאוּת־הַגּוּף,
וְיִשְׁלַח בְּרָכָה וְהַצְלָחָה בְּכָל מַעֲשֵׂה יָדֶיהָ
עִם כָּל יִשְׂרָאֵל אַחֶיהָ,
וְנֹאמַר אָמֵן:

Mi Scheberach vor einer Hochzeit

Der unsere Vorfahren Abraham, Isaak, Jakob, Sara, Riwka,
Rachel und Lea gesegnet hat, er segne den Bräutigam
________________ ben ________________
und die Braut ________________ bat ________________,
die demnächst heiraten werden.
Weil sie zur Ehre des Allgegenwärtigen, zur Ehre der Tora
und zur Ehre des Schabbattages hierher heraufgestiegen sind.
Deshalb möge der Heilige, gelobt sei er,
sie begleiten auf dem Weg zur Errichtung eines Heims in Israel,
ein Heim, in dem Liebe, Brüderlichkeit,
Frieden und Freundschaft gehegt werden,
ein Heim, in dem Mädchen und Jungen in Gesundheit und
Wohlergehen, zur Liebe der Tora und
zu guten Taten aufgezogen werden.
Gott beschütze sie und ihre Familien vor allem Bösen, aller Not,
allen Verletzungen und Krankheiten, und er segne sie
mit vielen gemeinsamen Jahren, mit gesunden Seelen
und in gesunden Körpern.
Und er segne und mache erfolgreich das Werk ihrer Hände
zusammen mit ganz Jisrael, ihren Geschwistern,
und also lasst uns AMEN sagen!

Mi Scheberach vor einer Hochzeit

מִי שֶׁבֵּרַךְ אֲבוֹתֵינוּ אַבְרָהָם יִצְחָק וְיַעֲקֹב,
וְאִמּוֹתֵינוּ שָׂרָה רִבְקָה רָחֵל וְלֵאָה,
הוּא יְבָרֵךְ אֶת הֶחָתָן __________ בֵּן __________
וְאֶת הָכַּלָּה __________ בַּת __________
אֲשֶׁר בְּקָרוֹב יִכָּנְסוּ לַחֻפָּה
בַּעֲבוּר שְׁעַלוּ לִכְבוֹד הָמָּקוֹם,
לִכְבוֹד הַתּוֹרָה, וְלִכְבוֹד הַשַּׁבָּת,
בִּשְׂכַר זֶה, הַקָּדוֹשׁ בָּרוּךְ הוּא
יַדְרִיכֶם לִבְנוֹת בַּיִת בְּיִשְׂרַאֵל
בַּיִת בּוֹ יִשְׁכְּנוּ אַהֲבָה וְאַחֲוָה
שָׁלוֹם וְרֵעוּת
בַּיִת בּוֹ יְגַדְּלוּ בָּנִים וּבָנוֹת בִּבְרִיאוּת וּבְאוֹשֶׁר
בְּאַהֲבַת תּוֹרָה וּבְמַעַשִׂים טוֹבִים
וְיִשְׁמוֹר אוֹתָם וְאֶת כָּל מִשְׁפַּחְתָּם
מִכָּל צָרָה וְצוּקָה וּמִכָּל נֶגַע וּמַחֲלָה
וְיִתֵּן לָהֶם יָחַד הַרְבֵּה שְׁנוֹת־חַיִּים,
חַיִּים שֶׁל בְּרִיאוּת־הַנֶּפֶשׁ,
חַיִּים שֶׁל בְּרִיאוּת־הַגּוּף,
וְיִשְׁלַח בְּרָכָה וְהַצְלָחָה בְּכָל מַעֲשֵׂה יְדֵיהֶם
עִם כָּל יִשְׂרָאֵל אַחֵיהֶם,
וְנֹאמַר אָמֵן:

Mi Scheberach zum Hochzeitsjubiläum

Der unsere Vorfahren Abraham, Isaak, Jakob, Sara, Riwka,
Rachel und Lea gesegnet hat,
er segne ____________________ ben ____________________
und ____________________ bat ____________________,
weil sie zur Ehre des Allgegenwärtigen,
zur Ehre der Tora und zur Ehre des Schabbattages hierher
heraufgestiegen sind, und weil diese ganze Gemeinde
anlässlich ihres Hochzeitsjubiläums für sie betet.
Deshalb möge der Heilige, gelobt sei er, sie und ihre ganze Familie
beschützen und erretten von allem Bösen, aller Not,
allen Verletzungen und Krankheiten.
Er schenke ihnen langes Leben,
ein Leben mit einer frohen Seele,
ein Leben mit einem gesunden Körper!
Er segne und mache erfolgreich das Werk ihrer Hände,
zusammen mit ganz Jisrael, ihren Geschwistern.
Darauf sagen wir alle: So sei es! AMEN

Mi Scheberach
zum Hochzeitsjubiläum

מִי שֶׁבֵּרַךְ אֲבוֹתֵינוּ אַבְרָהָם יִצְחָק וְיַעֲקֹב,
וְאִמּוֹתֵינוּ שָׂרָה רִבְקָה רָחֵל וְלֵאָה,
הוּא יְבָרֵךְ אֶת __________ בֵּן __________
וְאֶת __________ בַּת __________
בַּעֲבוּר שֶׁעָלוּ לִכְבוֹד הָמָּקוֹם,
לִכְבוֹד הַתּוֹרָה, וְלִכְבוֹד הַשַּׁבָּת,
וּבַעֲבוּר שֶׁכָּל הַקָּהָל הַקָּדוֹשׁ הַזֶּה
מִתְפַּלֵּל לִכְבוֹד יוֹם חֲתוּנָּתָם וְיוֹם שִׂמְחַת לִבָּם
בִּשְׂכַר זֶה, הַקָּדוֹשׁ בָּרוּךְ הוּא יִשְׁמוֹר אוֹתָם
וְאֶת כָּל מִשְׁפַּחְתָּם
מִכָּל צָרָה וְצוּקָה וּמִכָּל נֶגַע וּמַחֲלָה
וְיוֹסִיף לָהֶם יָחַד עוֹד הַרְבֵּה שְׁנוֹת־חַיִּים,
חַיִּים שֶׁל בְּרִיאוּת־הַנֶּפֶשׁ,
חַיִּים שֶׁל בְּרִיאוּת־הַגּוּף,
וְיִשְׁלַח בְּרָכָה וְהַצְלָחָה בְּכָל מַעֲשֵׂה יְדֵיהֶם
עִם כָּל יִשְׂרָאֵל אֲחֵיהֶם,
וְנֹאמַר אָמֵן:

Mi Scheberach zur Geburt für Mutter und Sohn

Der unsere Vorfahren Abraham, Isaak, Jakob, Sara, Riwka,
Rachel und Lea gesegnet hat, er segne
die Frau ____________________ bat ____________________,
die gerade das Kind, das den Namen
____________________ ben ____________________ tragen soll,
zur Welt gebracht hat.
Diese ganze Gemeinde betet
anlässlich der glücklichen Geburt für sie.
Deshalb möge der Heilige, gelobt sei er, die Mutter
und das Kind und ihre ganze Familie beschützen
und erretten von allem Bösen, aller Not,
allen Verletzungen und Krankheiten.
Er schenke der ganzen Familie ein langes Leben,
ein Leben mit einer frohen Seele,
ein Leben mit einem gesunden Körper!
Und gebe ihnen seinen Segen und Glück, ihm die Tora
zu vermitteln, ihn zur Chuppa und zu guten Taten zu begleiten.
Darauf sagen wir alle: So sei es! AMEN

Mi Scheberach zur Geburt für Mutter und Sohn

מִי שֶׁבֵּרַךְ אֲבוֹתֵינוּ אַבְרָהָם יִצְחָק וְיַעֲקֹב,
וְאִמּוֹתֵינוּ שָׂרָה רִבְקָה רָחֵל וְלֵאָה,
הוּא יְבָרֵךְ אֶת הָאִשָּׁה הַיּוֹלֶדֶת
__________ בַּת __________
וְאֶת הַיֶּלֶד הַנּוֹלָד לָהּ בְּמַזָּל טוֹב
וְיִקָּרֵא שְׁמוֹ בְּיִשְׂרָאֵל
__________ בֶּן __________
בַּעֲבוּר שֶׁכָּל הַקָּהָל הַקָּדוֹשׁ הַזֶּה מִתְפַּלֵּל
לִכְבוֹד הֻלַּדְתּוֹ בְּמַזָּל טוֹב
בִּשְׂכַר זֶה, הַקָּדוֹשׁ בָּרוּךְ הוּא
יִשְׁמוֹר אֶת הַיּוֹלֶדֶת וְאֶת הַיֶּלֶד וְאֶת כָּל הַמִּשְׁפָּחָה יִהְיוּ
מִכָּל צָרָה וְצוּקָה וּמִכָּל נֶגַע וּמַחֲלָה
יְהִי רָצוֹן שֶׁלְכֹל הַמִּשְׁפַּחְתָּה תִּהְיֶה
חַיִּים שֶׁל בְּרִיאוּת־הַנֶּפֶשׁ,
וְחַיִּים שֶׁל בְּרִיאוּת־הַגּוּף,
וְיִשְׁלַח בְּרָכָה וְהַצְלָחָה לְגַדֵּל אֶת הַיֶּלֶד
לְתוֹרָה וּלְחֻפָּה וּלְמַעֲשִׂים טוֹבִים
וְנֹאמַר אָמֵן:

Mi Scheberach zur Namensgebung für die Tochter einer jüdischen Mutter

Der unsere Vorfahren Abraham, Isaak, Jakob, Sara, Riwka,
Rachel und Lea gesegnet hat, er segne
die Frau ____________________ bat ____________________,
die gerade das Kind, das den Namen
____________________ bat ____________________ tragen soll,
zur Welt gebracht hat.
Diese ganze Gemeinde betet
anlässlich der glücklichen Geburt für sie.
Deshalb möge der Heilige, gelobt sei er, die Mutter und das Kind
und ihre ganze Familie beschützen und erretten von allem Bösen,
aller Not, allen Verletzungen und Krankheiten.
Er schenke der ganzen Familie ein langes Leben,
ein Leben mit einer frohen Seele,
ein Leben mit einem gesunden Körper!
Und gebe ihnen seinen Segen und Glück, ihr die Tora zu
vermitteln, sie zur Chuppa und zu guten Taten zu begleiten.
Darauf sagen wir alle: So sei es! AMEN

Mi Scheberach
zur Namensgebung
für die Tochter
einer jüdischen Mutter

מִי שֶׁבֵּרַךְ אֲבוֹתֵינוּ אַבְרָהָם יִצְחָק וְיַעֲקֹב,
וְאִמּוֹתֵינוּ שָׂרָה רִבְקָה רָחֵל וְלֵאָה,
הוּא יְבָרֵךְ אֶת הָאִשָּׁה הַיּוֹלֶדֶת
__________ בַּת __________
וְאֶת בִּתָּהּ הַנּוֹלְדָה לָהּ בְּמַזָּל טוֹב
וְיִקָּרֵא שְׁמָהּ בְּיִשְׂרָאֵל
__________ בַּת __________
בַּעֲבוּר שֶׁכָּל הַקָּהָל הַקָּדוֹשׁ הַזֶּה מִתְפַּלֵּל
לִכְבוֹד נוֹלַדְתָּהּ בְּמַזָּל טוֹב
בִּשְׂכַר זֶה, הַקָּדוֹשׁ בָּרוּךְ הוּא יִשְׁמוֹר
אֶת הַיּוֹלֶדֶת וְאֶת הֲלַדְתָּהּ וְאֶת כָּל מִשְׁפַּחְתָּהּ
מִכָּל צָרָה וְצוּקָה וּמִכָּל נֶגַע וּמַחֲלָה
יְהִי רָצוֹן שֶׁלְּכֹל הַמִּשְׁפַּחְתָּה תִּהְיֶה
חַיִּים שֶׁל בְּרִיאוּת־הַנֶּפֶשׁ,
וְחַיִּים שֶׁל בְּרִיאוּת־הַגּוּף,
וְיִשְׁלַח בְּרָכָה וְהַצְלָחָה לְגַדֵּל אֶת הַנּוֹלְדָה
לְתוֹרָה וּלְחֻפָּה וּלְמַעֲשִׂים טוֹבִים, וְנֹאמַר אָמֵן:

Mi Scheberach bei der Namensgebung für einen jüdischen Mann

Der unsere Vorfahren Abraham, Isaak, Jakob, Sara, Riwka,
Rachel und Lea gesegnet hat,
er segne diesen Mann, der den Namen
__________________ ben __________________ tragen soll.
Deshalb möge der Heilige, gelobt sei er, ihn und
seine ganze Familie beschützen und erretten von allem Bösen,
aller Not, allen Verletzungen und Krankheiten.
Er schenke der ganzen Familie ein langes Leben,
ein Leben mit einer frohen Seele,
ein Leben mit einem gesunden Körper!
Er segne und mache erfolgreich das Werk seiner Hände,
zusammen mit ganz Jisrael, seinen Geschwistern,
Darauf sagen wir alle: So sei es! AMEN

Mi Scheberach bei der Namensgebung für einen jüdischen Mann

מִי שֶׁבֵּרַךְ אֲבוֹתֵינוּ אַבְרָהָם יִצְחָק וְיַעֲקֹב,
וְאִמּוֹתֵינוּ שָׂרָה רִבְקָה רָחֵל וְלֵאָה,
הוּא יְבָרֵךְ אֶת הָאִישׁ הַזֶּה
וְיִקָּרֵא שְׁמוֹ בְּיִשְׂרָאֵל
__________ בֶּן __________
בִּשְׂכַר זֶה, הַקָּדוֹשׁ בָּרוּךְ הוּא יִשְׁמוֹר אוֹתוֹ
(וְאֶת כָּל הַמִּשְׁפַּחְתּוֹ)
מִכָּל צָרָה וְצוּקָה וּמִכָּל נֶגַע וּמַחֲלָה
יְהִי רָצוֹן שֶׁיִּהְיוּ לוֹ
חַיִּים שֶׁל בְּרִיאוּת־הַנֶּפֶשׁ,
וְחַיִּים שֶׁל בְּרִיאוּת־הַגּוּף,
וְיִשְׁלַח בְּרָכָה וְהַצְלָחָה בְּכָל מַעֲשֵׂה יָדָיו
עִם כָּל יִשְׂרָאֵל אֶחָיו,
וְנֹאמַר אָמֵן:

Mi Scheberach bei der Namensgebung für eine jüdische Frau

Der unsere Vorfahren Abraham, Isaak, Jakob, Sara, Riwka,
Rachel und Lea gesegnet hat,
er segne diese Frau die den Namen
________________ bat ________________ tragen soll.
Deshalb möge der Heilige, gelobt sei er, sie und
ihre ganze Familie beschützen
und erretten von allem Bösen, aller Not,
allen Verletzungen und Krankheiten.
Er schenke der ganzen Familie ein langes Leben,
ein Leben mit einer frohen Seele,
ein Leben mit einem gesunden Körper!
Er segne und mache erfolgreich das Werk ihrer Hände,
zusammen mit ganz Jisrael, ihren Geschwistern,
Darauf sagen wir alle: So sei es! AMEN

Mi Scheberach
bei der Namensgebung
für eine jüdische Frau

מִי שֶׁבֵּרַךְ אֲבוֹתֵינוּ אַבְרָהָם יִצְחָק וְיַעֲקֹב,
וְאִמּוֹתֵינוּ שָׂרָה רִבְקָה רָחֵל וְלֵאָה,
הוּא יְבָרֵךְ אֶת הָאִשָּׁה הַזֹּאת
וְיִקָּרֵא שְׁמָהּ בְּיִשְׂרָאֵל
_________ בַּת _________
בִּשְׂכַר זֶה, הַקָּדוֹשׁ בָּרוּךְ הוּא יִשְׁמוֹר אוֹתָהּ
וְאֶת כָּל מִשְׁפַּחְתָּהּ
מִכָּל צָרָה וְצוּקָה וּמִכָּל נֶגַע וּמַחֲלָה
יְהִי רָצוֹן שֶׁלְּכֹל הַמִּשְׁפָּחָה יִהְיוּ
חַיִּים שֶׁל בְּרִיאוּת־הַנֶּפֶשׁ,
וְחַיִּים שֶׁל בְּרִיאוּת־הַגּוּף,
וְיִשְׁלַח בְּרָכָה וְהַצְלָחָה בְּכָל מַעֲשֵׂה יָדֶיהָ
עִם כָּל יִשְׂרָאֵל אַחֶיהָ,
וְנֹאמַר אָמֵן:

Pidjon Ha-Ben
Auslösung des
Erstgeborenen

Es ist alter Brauch 30 Tage nach der Erstgeburt eines Sohnes, dass Eltern und Großeltern an einen Kohen oder einen Rabbiner herantreten, um mit fünf Schekalim, also mit fünf Silbermünzen, den Sohn auszulösen, wie es im zweiten Buch Moses 13,2 heißt: »Weihe mir alle Erstgeburt! Alles, was bei den Benej Israels den Mutterschoß durchbricht, beim Menschen und beim Vieh, gehört mir.«

בָּרוּךְ אַתָּה יְיָ אֱלֹהֵינוּ מֶלֶךְ הָעוֹלָם,
אֲשֶׁר קִדְּשָׁנוּ בְּמִצְוֹתָיו,
וְצִוָּנוּ עַל פִּדְיוֹן הַבֵּן:

Gelobt seist Du, Ewiger, unser Gott, Gebieter der Welt,
der Du uns geheiligt duch Deine Gebote und uns geboten hast,
den Erstgeborenen auszulösen.

בָּרוּךְ אַתָּה יְיָ אֱלֹהֵינוּ מֶלֶךְ הָעוֹלָם,
שֶׁהֶחֱיָנוּ וְקִיְּמָנוּ וְהִגִּיעָנוּ לַזְּמַן הַזֶּה

Gelobt seist Du, Ewiger, unser Gott, Gebieter der Welt,
der uns Leben und Bestehen gegeben
und uns in diese Zeit gelangen lässt.

בְּשֵׁם יְיָ אֱלֹהֵי יִשְׂרָאֵל,
מִימִינִי מִיכָאֵל,
וּמִשְּׂמֹאלִי גַּבְרִיאֵל,
וּמִלְּפָנַי אוּרִיאֵל, וּמֵאֲחוֹרַי רְפָאֵל,
וְעַל רֹאשִׁי שְׁכִינַת אֵל.

Im Namen des Ewigen, des Gottes Israels:
zu meiner Rechten Michael,
zu meiner Linken Gabriel,
vor mir Uriel, hinter mir Rafael
und über mir die Herrlichkeit Gottes.

Spende eines Zeremonialgegenstandes

Heiliger Israels!
Besonderen Segen erflehen wir für ________________,
welche(r) für unsere(n) Synagoge (Tempel) ein ________________
gespendet hat. Vor dem Ewigen zählt,
wer in lauterer Gesinnung sein Herz dem Himmel zugewandt hat,
gleich ist es vor ihm, wer viel oder wenig gibt.
Möge dieses heilige Gerät bei allen anderen heiligen Geräten
aufbewahrt werden und seinen Platz in unserem Gemeindeleben
finden. Möge diese Gemeinde durch dieses leuchtende Beispiel
der Großzügigkeit angeregt werden,
durch ähnliche Geschenke unseren Gottesdienst
und unser Bethaus zu vervollkommnen.
Die Rabbiner sagen, wer Gottes Haus schmückt,
der schmückt seine Seele.

Gebete bei der Anbringung einer Mesusa in einem (neuen) jüdischen Haus

בְּזֶה הַשַּׁעַר לֹא יָבוֹא צַעַר
בְּזֹאת הַדִּירָה לֹא תָבוֹא צָרָה
בְּזֹאת הַדֶּלֶת לֹא תָבוֹא בַּהֶלֶת
בְּזֹאת הַמַּחְלָקָה לֹא תָבוֹא מַחְלוֹקֶת
בְּזֶה הַמָּקוֹם תְּהִי בְּרָכָה וְשָׁלוֹם:
וְנֹאמַר אמן:

Durch dieses Tor komme kein Leid,
in diese Wohnung komme kein Ärger,
durch diese Tür komme keine Furcht,
in diese Wohnung komme kein Zwist,
an diesem Ort seien Segen und Frieden.

בָּרוּךְ אַתָּה יְיָ אֱלֹהֵינוּ מֶלֶךְ הָעוֹלָם.
בּוֹרֵא פְּרִי הַגָּפֶן:

Gelobt seist Du, Ewiger, unser Gott, Gebieter der Welt,
der Du die Frucht der Rebe erschaffen.

בָּרוּךְ אַתָּה יְיָ אֱלֹהֵינוּ מֶלֶךְ הָעוֹלָם.
שֶׁהַכֹּל בָּרָא לִכְבוֹדוֹ:

Gelobt seist Du, Ewiger, unser Gott, Gebieter der Welt,
der Du alles zu Deiner Ehre geschaffen hast.

בָּרוּךְ אַתָּה יְיָ אֱלֹהֵינוּ מֶלֶךְ הָעוֹלָם. יוֹצֵר הָאָדָם:

Gelobt seist Du, Ewiger, unser Gott, Gebieter der Welt,
der Du den Menschen formst.

בָּרוּךְ אַתָּה יְיָ אֱלֹהֵינוּ מֶלֶךְ הָעוֹלָם.
שֶׁעָשָׂנוּ בְּצַלְמוֹ:

Gelobt seist Du, Ewiger, unser Gott, Gebieter der Welt,
der Du uns in Deinem Abbild geschaffen hast.

בָּרוּךְ אַתָּה יְיָ אֱלֹהֵינוּ מֶלֶךְ הָעוֹלָם.

מַלְבִּישׁ עֲרֻמִּים:

Gelobt seist Du, Ewiger, unser Gott, Gebieter der Welt,

der Du Nackte bekleidest.

בָּרוּךְ אַתָּה יְיָ אֱלֹהֵינוּ מֶלֶךְ הָעוֹלָם.
הַנּוֹתֵן לַיָּעֵף כֹּחַ:

Gelobt seist Du, Ewiger, unser Gott, Gebieter der Welt,

der dem Müden Kraft gibt.

בָּרוּךְ אַתָּה יְיָ אֱלֹהֵינוּ מֶלֶךְ הָעוֹלָם.
אֲשֶׁר בָּרָא שָׂשׂוֹן וְשִׂמְחָה.
אִישׁ וְאִשָּׁה.
אַהֲבָה וְאַחֲוָה.
וְשָׁלוֹם וְרֵעוּת.
בָּרוּךְ אַתָּה יְיָ מְשַׂמֵּחַ אִישׁ עִם אִשָּׁה:

Gelobt seist Du, Ewiger, unser Gott, Gebieter der Welt,

der Fröhlichkeit und Freude, Mann und Frau,

Liebe und Miteinander, Frieden und Freundschaft geschaffen hat.

Gelobt seist Du, Ewiger, der Du Mann und Frau erfreust.

Gebet bei einer Silbernen und Goldenen Hochzeit

בָּרוּךְ הַבָּא בְּשֵׁם יְיָ, בֵּרַכְנוּכֶם מִבֵּית יְיָ.

Willkommen im Namen des Ewigen.

Wir aus des Ewigen Tempel grüßen, willkommen!

Der alles in seinen Händen hält,

der alles segnet,

der alles gedeihen lässt,

er segne dieses Brautpaar, das nach _____ Jahren

hier vor dieser Gemeinde erscheint, um sich und uns der Zeit ihres Kidduschin, ihres geheiligten Lebensbundes,

zu erinnern und ihn erneut zu bekräftigen.

Das ist eine Stunde der heiligen Erinnerung, wie Jerimijahu sagt:

זָכַרְתִּי לָךְ חֶסֶד נְעוּרַיִךְ אַהֲבַת כְּלוּלֹתָיִךְ

»Ich gedenke dir deine jugendliche Huld, deine bräutliche Liebe.«

Dies ist die Stunde der heiligen Liebe und Dankbarkeit, wie es im Kohelet, im Buch des Predigers 9,9, heißt: »Genieße das Leben mit deiner Frau, die Du liebst, alle Tage deine Lebens.«

רְאֵה חַיִּים עִם־אִשָּׁה אֲשֶׁר־אָהַבְתָּ כָּל־יְמֵי חַיֵּיךָ:

Wie der Prophet Hosea sagt, sprecht ihr nun:

וְאֵרַשְׂתִּיךְ לִי לְעוֹלָם
וְאֵרַשְׂתִּיךְ לִי בְּצֶדֶק וּבְמִשְׁפָּט וּבְחֶסֶד וּבְרַחֲמִים:
וְאֵרַשְׂתִּיךְ לִי בֶּאֱמוּנָה וְיָדַעַתְּ אֶת־יְהֹוָה:

»Auf ewig nehme ich dich mir zur Ehe; ich nehme dich mir zur Ehe mit dem Versprechen von Recht und Gerechtigkeit, von Huld und Erbarmen. Ich nehme dich mir zur Ehe um Treue, damit du den Ewigen erkennest.«[1]

בָּרוּךְ אַתָּה יְיָ אֱלֹהֵינוּ מֶלֶךְ הָעוֹלָם, בּוֹרֵא פְּרִי הַגָּפֶן

1 Hosea 2,21

Bei der ersten Trauung heute vor ______ Jahren
haben Sie den berühmten Satz nachgesprochen,
wo Sie sich verpflichtet haben,
ein Eheleben »Kedaat Mosche w' Israel« zu führen
und Ringe ausgetauscht und Rabbiner ________________
hat die Ketuba verlesen.

Es folgt eine Laudatio auf die Jubiliare

יְבָרֶכְךָ יְיָ וְיִשְׁמְרֶךָ.
יָאֵר יְיָ פָּנָיו אֵלֶיךָ וִיחֻנֶּךָּ.
יִשָּׂא יְיָ פָּנָיו אֵלֶיךָ וְיָשֵׂם לְךָ שָׁלוֹם.
כֵּן יְהִי רָצוֹן!

Der Ewige segne und behüte dich.
Er lasse sein Antlitz leuchten über euch und sei dir gnädig.
Er wende dir sein Antlitz zu und gebe dir Frieden.

Nun in einem anderen Lebensabschnitt als vor ______ Jahren
geht es nicht mehr darum, sich und der Gemeinde zu versprechen,
»Kedaat Mosche w' Israel« zu leben, das habt ihr schon bewiesen
und werdet es mit Gottes Hilfe ganz selbstverständlich weiterleben.
Sagt euch jetzt einen Satz aus dem Lied der Lieder, gesungen und
gesprochen von Menschen aller Altersgruppen:

אֲנִי לְדוֹדִי וְדוֹדִי לִי

Zum Abschluss wollen wir jenen Segensspruch gemeinsam
anstimmen, der immer dann gesprochen wird,
wenn uns etwa neues Gutes zum ersten Mal im Leben
oder im Jahr begegnet:

בָּרוּךְ אַתָּה יְיָ אֱלֹהֵינוּ מֶלֶךְ הָעוֹלָם,
שֶׁהֶחֱיָנוּ וְקִיְּמָנוּ וְהִגִּיעָנוּ לַזְּמַן הַזֶּה.

Gedenken der Toten eines Terroranschlags

Wir gedenken der Toten des Terroranschlags in ________________,
die starben, weil Wahnsinn in unserer Welt mitregiert und
das Böse in der Welt wohnt. Die Welt ist ärmer geworden, und wir
fühlen mit den Familien, die durch diesen Terroranschlag ihren
Ehemann, ihre Ehefrau, ihren Vater, ihre Mutter, ihren Bruder,
ihre Schwester oder ihre Söhne und Töchter verloren haben.
Möge ihr Opfer nicht umsonst gewesen sein, möge die Welt
in ihrem alltäglichen Kampf gegen Grausamkeit und Vorurteile,
gegen Tyrannei und Verfolgung aus ihrem Tod Kraft schöpfen
für ein Zusammenleben in Frieden und gegenseitigem Respekt.

Der Terroranschlag ________________ in ________________
galt nicht nur Juden.
»Menschen aus allen Religionen starben in diesem sinnlosen und
unmenschlichen Angriff.«
Das waren die Worte von Isaak Haleva, türkischer Oberrabbiner,
nach einem Anschlag auf seine Synagoge im November 2003.
»Mein Ruf geht an die ganze Welt und die ganze Menschheit –
lasst uns zusammenkommen und einander lieben.«

Als Bekenner des Einzigen Gottes lindern wir das Weh
der Trennung und die Schauer des Todes durch den Glauben
an die Unvergänglichkeit des Geistes und durch die Ergebung
in den unerforschlichen Willen des Ewigen.
In solcher Gesinnung sagen wir gemeinsam jenes Gebet, das nicht
vom Tod, sondern von der Verherrlichung Gottes
und vom Kommen seines alle erlösenden Reiches spricht.
Wir sagen gemeinsam Kaddisch. (Seite 143)

Für die Opfer der Schoa

Wir gedenken der sechs Millionen Männer, Frauen und Kinder,
die ermordet wurden, weil sie Juden waren.
Wir gedenken aller, die starben, als Wahnsinn die Welt regierte
und das Böse in der Welt wohnte. Wir gedenken derer,
deren Namen in den endlosen Gedenklisten stehen, und derer,
von denen selbst der Name verloren ist.

Wir trauern um ihre Güte und um ihre Weisheit, die die Welt
hätten retten und so viele Wunden hätten heilen können.
Wir trauern um den Geist und den Humor, der ermordet wurde,
um das Lernen und Lachen, das für immer verloren ist.
Wir gedenken jener nichtjüdischen Frauen und Männer,
die den Mut hatten, außerhalb der Masse zu stehen
und mit uns zu leiden.

Möge ihr Opfer nicht umsonst gewesen sein, möge die Welt
in ihrem alltäglichen Kampf gegen Grausamkeit und Vorurteile,
gegen Tyrannei und Verfolgung aus ihrem Tod Kraft schöpfen
für ein Zusammenleben in Frieden und gegenseitigem Respekt.
Gott in der Höhe, bei Dir ist Barmherzigkeit in Fülle.
Lass die Millionen Toten ungestört in Deiner Gegenwart ruhen.
Lass sie wie die Lichter am Himmel leuchten,
lass ihre Seelen bis in Ewigkeit in Deiner Gegenwart geborgen sein.

Als Bekenner des Einzigen Gottes lindern wir das Weh
der Trennung und die Schauer des Todes durch den Glauben
an die Unvergänglichkeit des Geistes und durch die Ergebung
in den unerforschlichen Willen des Ewigen.

In solcher Gesinnung sagen wir gemeinsam jenes Gebet, das nicht vom Tod, sondern von der Verherrlichung Gottes und vom Kommen seines alle erlösenden Reiches spricht. Wir sagen gemeinsam Kaddisch. (Seite 143)

El male Rachamim
Gedenken
der Toten der Schoa

אֵל מָלֵא רַחֲמִים שׁוֹכֵן בַּמְּרוֹמִים.
הַמְצֵא מְנוּחָה נְכוֹנָה עַל כַּנְפֵי הַשְּׁכִינָה.
בְּמַעֲלוֹת קְדוֹשִׁים וּטְהוֹרִים כְּזֹהַר הָרָקִיעַ מַזְהִירִים
אֶת נִשְׁמַת אַחֵינוּ וְאַחְיוֹתֵנוּ הַקְּדוֹשִׁים וְהַטְּהוֹרִים
שֶׁנִּשְׂרְפוּ וְשֶׁנֶּהֶרְגוּ עַל קִדּוּשׁ הַשֵּׁם בְּיַד הָנַּאצִים

Auschwitz, Bergen-Belsen, Warschauer Ghetto, Dachau,
Sachsenhausen, Babi Jar, Ravensbrück, Ghetto Riga, Theresienstadt,
Majdanek, Treblinka

בַּעֲבוּר שֶׁאֲנוּ מִתְפַּלְלִים בְּעַד הַזְכָּרַת נִשְׁמָתָם,
לָכֵן בַּעַל הָרַחֲמִים יַסְתִּירֵם בְּסֵתֶר כְּנָפָיו לְעוֹלָמִים.
וְיִצְרוֹר בִּצְרוֹר הַחַיִּים אֶת נִשְׁמָתָם
בְּגַן עֵדֶן תְּהֵא מְנוּחָתָם.
יְיָ הוּא נַחֲלָתַם:
וְיָנוּחוּ בְּשָׁלוֹם עַל מִשְׁכָּבָם. וְנֹאמַר אָמֵן:

Gott, du bist voll Erbarmen, der du in der Höhe thronst.
Schenke vollkommene Ruhe und Frieden unter den Schwingen
deiner Gegenwart in den heiligen und reinen Höhen,
die leuchten wie der Glanz der Himmelsgewölbe, all denen,
derer wir heute gedenken, die in ihre Welt und Ewigkeit
heimgegangen sind.
Für unsere Brüder und Schwestern, die Heiligen und Reinen,
die ermordet und verbrannt wurden, weil sie dir treu blieben,
in Auschwitz, Bergen-Belsen, Warschauer Ghetto, Dachau ...
Zum Andenken an ihr Leben beten wir zur Erinnerung ihrer Seelen.
Im Garten Eden mögen sie Ruhe finden. Und so, Vater
des Erbarmens, birg sie in der Geborgenheit deiner Schwingen
in Ewigkeit. Ihre Seelen und ihre Leben mögen aufgenommen
und verwoben werden in den Bund des Lebens. AMEN

Einleitung Seelenfeier 1 (Jiskor)

Barmherziger Gott, der Du in den Höhen thronst.
In dieser Stunde sind wir hier zusammengekommen,
um all unserer Toten zu gedenken. Gewähre den sechs Millionen
Männern, Frauen und Kindern, die in der Schoa ermordet wurden,
wie allen unseren dahingeschiedenen Lieben Ruhe im Schutz
Deiner göttlichen Heiligkeit. In der Gemeinschaft
der Heiligen und Reinen, deren Licht erstrahlt wie der Glanz
des Himmels, seien sie aufgenommen.

So glauben wir, dass wenn wir fest und innig an sie denken,
ihre Seelen bei uns weilen und Freude empfinden,
da sie nicht vergessen sind. Das Leid und Weh der Trennung
lindern wir durch die Erinnerung an all das Gute und Schöne,
das wir mit ihnen teilen durften, aber auch durch
die Unterwerfung unter Gottes unerforschlichen Ratschluss.
Wir glauben, wie unsere Weisen sagen, dass liebende,
dankbare Erinnerung das Geheimnis der Erlösung ist.

Unsere teuren Dahingeschiedenen sind in ihre Welt gegangen.
Ihre Namen mögen nie vergessen werden!
Lass, Barmherziger, Deine Gnade über ihnen walten.
Lass ihre Seelen aufgenommen sein in den Bund
des ewigen Lebens. Im Reich Gottes mögen sie ruhen
und schlummern in Schalom, in Frieden.
Wir gedenken im Besonderen:

____

____

Jetzt sagt jeder für seine dahingegangenen Lieben: JISKOR

Einleitung
Seelenfeier 2
(Jiskor)

In Deiner Hand sind die Seelen der Lebenden
und der Dahingeschiedenen, in Dir vereinigen wir uns mit denen,
die uns in diesem Leben vorangegangen sind.
Jetzt in dieser Stunde sind wir in dieser Feier all denen ganz nah,
die vor uns hier waren:
ihre Erscheinung sehen wir vor unserem inneren Auge,
und unser Herz hört wieder ihre Stimme.
Wir gedenken derer, die in Frieden ihre Tage vollenden durften
und derer, die Du hinweggerufen hast in jungen Jahren.

In dieser Stunde sind wir wieder verbunden mit Vater und Mutter,
die uns das Leben gegeben und deren Wesen in uns fortlebt,
mit den Lehrern, die unseren Geist geweckt und entwickelt haben.
Wieder sind wir bei unseren heimgegangenen Freunden,
ohne die unser Leben einsam,
arm und ohne Freude gewesen wäre.

Aber wir gedenken auch der Ungezählten,
denen es nicht vergönnt gewesen ist,
den Kreislauf ihres Lebens zu vollenden.
Wir trauern um die Millionen, die in der Schoa umgebracht
worden sind, als Opfer von Sin'ath Chinom –
von Menschenhass – oder von Mamschelet Sadon –
der Herrschaft des Frevels.
Wir glauben, dass sie ihre Ruhe bei Dir, Ewiger, unser Vater,
gefunden, dass sie bei Dir, dem Quell des Lebens, weilen,
dass sie in Deinem Lichte Licht schauen.

Lass uns, Ewiger, der Seelen aller Dahingeschiedenen in Liebe
und in Dankbarkeit gedenken. Lass uns darauf vertrauen,
dass ihr Leben, ob kurz oder lang, nicht fruchtlos gewesen,
sondern zum Segen für die Menschen geworden ist,
besonders für ganz Israel, wo auch immer es weilt.
Lass uns darauf bauen, dass alle, die für immer von dieser Welt
abberufen worden sind, für alle Ewigkeit eingebunden sind
in den Bund des ewigen Lebens, Deinen Bund mit dem Volk Israel.
AMEN[2]

2 Am 9. Juni 1960 von M. Eschelbacher, London, verfasstes Gebet

יְיָ, מָה אָדָם וַתֵּדָעֵהוּ, בֶּן-אֱנוֹשׁ וַתְּחַשְּׁבֵהוּ. Adonaj ma adam
אָדָם לַהֶבֶל דָּמָה, יָמָיו כְּצֵל עוֹבֵר.
בַּבֹּקֶר יָצִיץ וְחָלָף, לָעֶרֶב יְמוֹלֵל וְיָבֵשׁ.

Ewiger, was ist der Mensch, dass Du seiner gedenkst,
der Erdensohn, dass Du auf ihn achtest.

Der Mensch gleicht dem Hauch,
seine Tage sind ein Schatten, der dahinzieht.

Am Morgen erblüht und sprießt er,
am Abend ist er dürr und welk.

Du lässt den Menschen zum Staub zurückkehren und sprichst:
»Kehrt zurück, ihr Menschenkinder!«

Der Ewige erlöst die Seelen seiner Getreuen,
und keiner geht verloren, der auf Gott vertraut.

וְיָשֹׁב הֶעָפָר עַל הָאָרֶץ כְּשֶׁהָיָה,
וְהָרוּחַ תָּשׁוּב אֶל הָאֱלֹהִים אֲשֶׁר נְתָנָהּ.

Am Grab bei einer Beerdigung

Ewiger, unser Gott!

Gedenke gnadenvoll der Seele

- unserer Dahingeschiedenen
- unseres Dahingeschiedenen

וְיָשֹׁב הֶעָפָר עַל־הָאָרֶץ כְּשֶׁהָיָה וְהָרוּחַ תָּשׁוּב אֶל־הָאֱלֹהִים
אֲשֶׁר נְתָנָהּ׃

Sein (Ihr) Staub kehrt zurück zur Erde,
von der er (sie) stammt,
die Seele aber kehre zurück zu Dir,
von der sie stammt.

Denn Staub bist du,
und zu Staub kehrst du zurück.

כִּֽי־עָפָר אַתָּה וְאֶל־עָפָר תָּשֽׁוּב׃

Jahrzeit am Grab

Wenn der Gedanke an Dich heute am Jahrestag Deines Scheidens uns an Deine Ruhestätte gebracht hat, so gedenken wir mit Rührung und voller Wehmut Deiner!
Dieser Tag führt uns zurück in die Zeit, wo Du gelebt hast, wo Deine Liebe, Deine Sorgfalt und Güte für die Deinen und Deine Freunde da war!

Gott hat Dich von hier abberufen, und uns bleibt nur die dankbare Erinnerung an Dich und Deine guten Taten.

So wenden wir uns an unser aller Vater: Allgütiger Gott, nimm die Gefühle unserer Trauer wohlgefällig auf und erhöre unser Gebet:
Lass die Seele

- unseres teuren Dahingeschiedenen
- unserer teuren Dahingeschiedenen

aufgenommen sein in den Bund des ewigen Lebens und segne alle, die unserem (unserer) Dahingegangenen lieb waren durch ein langes Leben in Frieden.

Dieses Jahrzeitgedenken klinge im treuen Gedenken an ______________________ aus. Erscheine vor Gott und erbitte Gesundheit und Wohlergehen für all Deine Lieben und Frieden – SCHALOM – für Israel.

Das Leid und das Weh der Trennung lindern wir durch die Erinnerung an all das Gute und Schöne, das wir mit Dir teilen durften, aber auch durch die Unterwerfung unter Gottes unerforschlichen Ratschluss.

Weihe eines Grabsteins

Ribon haolam!

Wir stehen heute vor Dir, um diesen Grabstein zu weihen:

Er sei uns ein ewiges Zeichen unserer innigen Verbundenheit

mit ____________________.

Möge er/sie hier sanft ruhen,

der/die einst unter uns lebte und wirkte. Möge sein/ihr Name

unvergessen sein.

Ewiger Gott – Vater aller Menschen!

Gedenke doch heute mit väterlicher Barmherzigkeit

des/der Heimgenommenen ____________________

und schenke unserem/unserer ____________________

und ____________________

sowie der ganzen Familie Gesundheit

und ein langes Leben:

אָמֵן סֶלָה:

Gedenken am Grab nach 30 Tagen

טוֹב שֵׁם מִשֶּׁמֶן טוֹב, וְיוֹם הַמָּוֶת מִיּוֹם הִוָּלְדוֹ׃

Ein guter Name ist besser als köstliches Öl,
der Todestag besser als der Tag der Geburt.

Kohelet, nach jüdischer Tradition König Salomon,
sagte diese Weisheit vor 3000 Jahren.
Wir stehen heute an den Scheloschim von ________________,
dessen Name unvergessen sein möge
und der seit seinem Todestag aufgenommen sein möge
in den Bund des ewigen Lebens.
Deine Seele ________________ ben/bat ________________
finde Ruhe in Dir, Ewiger, unser Gott, und Du, liebe/r __________
finde Trost bei Ihm, der allen betrübten Herzen nah ist.
Sein heiliger Ratschluss hat Deinen lieben Mann/Vater/
Sohn/Freund von dieser Welt abberufen. Demütig haben wir uns
Seinem Willen unterworfen, dankbar für all die schönen Stunden,
die Du mit ihm, unserem __________, teilen durftest.
Dieser Tag heute führt uns zurück in die Zeit, wo Du gelebt,
wo Deine Liebe, Deine Sorgfalt
und Güte für die Deinen __________ und Deine Freunde da war.
Gott hat Dich von hier abberufen, und uns bleibt nur
die dankbare Erinnerung an Dich und Deine guten Taten.
So wenden wir uns an unser aller Vater:
Allgütiger Gott, nimm die Gefühle unserer Trauer wohlgefällig auf
und erhöre unser Gebet:
Lass die Seele unseres teuren Dahingeschiedenen
aufgenommen sein in den Bund des ewigen Lebens.

■ Für Männer:

תְּהֵא נִשְׁמָתוֹ צְרוּרָה בִּצְרוֹר הַחַיִּים

■ Für Frauen:

תְּהֵא נִשְׁמָתָהּ צְרוּרָה בִּצְרוֹר הַחַיִּים

Dieses Gedenken nach den Scheloschim klinge
im treuen Gedenken an ______________________ aus.
Erscheine vor Gott und erbitte Gesundheit und Wohlergehen
für Deine ______________________
und Schalom – Frieden für Israel.

Das Leid und das Weh der Trennung lindern wir
durch die dankbare Erinnerung an all das Gute und Schöne,
das wir mit Dir teilen durften,
aber auch durch die gläubige Unterwerfung unter Gottes
unerforschlichen Ratschluss.

In dieser andächtigen Besinnung sprechen wir nun jenes Gebet,
das nicht vom Tod, sondern von der Verherrlichung Gottes
und vom Kommen seines alle erlösenden Reiches spricht.

Vor dem Kaddisch am Ende eines Gottesdienstes

Diese Andacht klinge im treuen Gedenken an all diejenigen aus,
die eingegangen sind in das ewige Leben.
In unser Gedenken schließen wir die sechs Millionen Männer,
Frauen und Kinder ein, die in der Schoa ermordet wurden.
Wir gedenken insbesondere derjenigen,
die in dieser Woche abberufen worden sind, sowie derjenigen,
deren Jahrzeit in diese Zeitperiode fällt.

Das Leid und das Weh der Trennung lindern wir
durch die dankbare Erinnerung an all das Gute und Schöne,
das wir mit ihnen teilen durften, aber auch durch die gläubige
Unterwerfung unter Gottes unerforschlichen Ratschluss.
In dieser andächtigen Besinnung sprechen wir nun jenes Gebet,
das nicht vom Tod, sondern von der Verherrlichung Gottes
und vom Kommen seines alle erlösenden Reiches spricht.

Kaddisch der Leidtragenden

Erhoben und geheiligt werde sein großer Name in der Welt,
die er nach seinem Willen geschaffen.
Und sein Reich erstehe in eurem Leben
und in euren Tagen und dem Leben des ganzen Hauses Jisrael,
schnell und in naher Zeit.
Sprecht: Amen!
Sein großer Name sei gepriesen in Ewigkeit
und Ewigkeit der Ewigkeiten!
Gepriesen und gerühmt und verherrlicht und erhoben
und erhöht und gefeiert und hoch erhoben
und hochgelobt
sei der Name des Heiligen.
Gelobt sei er!
Hoch und erhaben über jedem Lob und Gesang,
jeder Verherrlichung und Trostverheißung,
die je in der Welt gesprochen wurden.
Sprecht: Amen!
Die Fülle des Friedens möge vom Himmel herabkommen,
Leben für uns und ganz Jisrael!
Sprecht: Amen!
Der Frieden stiftet in den Himmelshöhen,
stifte Frieden unter uns und ganz Jisrael!
Sprecht: Amen!

Kaddisch der Leidtragenden

יִתְגַּדַּל וְיִתְקַדַּשׁ שְׁמֵהּ רַבָּא.
בְּעָלְמָא דִּי בְרָא כִרְעוּתֵיהּ, וְיַמְלִיךְ מַלְכוּתֵהּ בְּחַיֵּיכוֹן
וּבְיוֹמֵיכוֹן וּבְחַיֵּי דְכָל בֵּית יִשְׂרָאֵל.
בַּעֲגָלָא וּבִזְמַן קָרִיב וְאִמְרוּ אָמֵן.
יְהֵא שְׁמֵהּ רַבָּא מְבָרַךְ לְעָלַם וּלְעָלְמֵי עָלְמַיָּא.
יִתְבָּרַךְ וְיִשְׁתַּבַּח וְיִתְפָּאַר וְיִתְרוֹמַם וְיִתְנַשֵּׂא וְיִתְהַדָּר
וְיִתְעַלֶּה וְיִתְהַלָּל שְׁמֵהּ דְּקֻדְשָׁא
בְּרִיךְ הוּא
לְעֵלָּא מִן כָּל בִּרְכָתָא וְשִׁירָתָא תֻּשְׁבְּחָתָא וְנֶחֱמָתָא,
דַּאֲמִירָן בְּעָלְמָא, וְאִמְרוּ אָמֵן:
יְהֵא שְׁלָמָא רַבָּא מִן שְׁמַיָּא,
וְחַיִּים עָלֵינוּ וְעַל כָּל יִשְׂרָאֵל
וְאִמְרוּ אָמֵן:
עֹשֶׂה שָׁלוֹם בִּמְרוֹמָיו הוּא בְּרַחֲמָיו יַעֲשֶׂה שָׁלוֹם עָלֵינוּ
וְעַל כָּל יִשְׂרָאֵל,
וְאִמְרוּ אָמֵן: